Sandra Haber

# Baxter Speaks!
# Baxter parolas!

Sandra Haber

# Baxter Speaks!

*

# Baxter parolas!

Translated by / Tradukita de
**Raúl J. García**

Mondial

Mondial
Novjorko

Sandra Haber:

**Baxer Speaks!**
**Baxter parolas!**

Rakonto – en dulingva prezento,
tradukita el la angla en Esperanton
de Raúl J. García.

Ilustraĵoj: la aŭtorino.

ISBN 9781595694676

*www.esperantoliteraturo.com*

# Table of Contents / Enhavo

# Foreword

*Baxter Speaks!* is a short story about a talking dog on a mission to foster international peace. This tale is an amalgam of historical information, fantasy and current reality. Written during the height of the 2020-22 Covid pandemic, it "speaks to" a Covid silver lining during an otherwise bleak time.

The story could not have been written without the support of Grandpa (Steve Flanders) and our blended and extended families—namely, the Habers, Flanders, Ryans, and Lushtaks. Baxter, the charismatic family dog, is acknowledged as being the inspiration for this story, and the leader and champion of world peace.

Dedicated to S. Baxter Flanders (Baxter), a most remarkable dog.
*September 8, 2009 – September 3, 2022*

# Antaŭparolo

*Baxter parolas!* estas novelo pri parolanta hundo kun misio kreskigi internacian pacon. Ĉi tiu rakonto estas amalgamo de historiaj informoj, fantazio kaj la nuna realo. Skribita dum la kulmino de la KOVIM-pandemio de la jaroj 2020-2022, ĝi "parolas" pri esperodona flanko de la pandemio dum alie malgaja tempo.

La rakonto ne povus esti skribita sen la subteno de Avĉjo (Steve Flanders) kaj nia miksita kaj granda familio – nome la familioj Haber, Flanders, Ryan kaj Lushtak. Baxter, la karismeca familia hundo, estas agnoskita kiel la inspiro por ĉi tiu rakonto, kaj kiel la gvidanto kaj ĉampiono de mondpaco.

Dediĉita al S. Baxter Flanders (Baxter), plej rimarkinda hundo.
*8a de septembro 2009 - 3a de septembro 2022*

His paw was too big for the keyboard and obviously he couldn't speak.

Baxter, or more formally, S. Baxter Flanders was a dog. Not just any dog and certainly not an ordinary dog. For one thing, Baxter was big and hairy. And his fur was all black. From the distance, he looked like a pony or a bear. But it really wasn't just his size or looks that made Baxter different. Baxter had a gift. "People judging" was his true vocation. There were good people and suspicious people. And Baxter was clear about which people belonged in each category. Sometimes this was embarrassing to his owners. They often wished he would be gracious to all. But this was usually not the case.

Over time, Grandma, Grandpa and Baxter became a family. Not an ordinary family which would have been Grandma and Grandpa and a dog, but more like a three-person family as in Grandma, Grandpa and a wise, loving friend. Often, Grandpa and Grandma would speak to Baxter and include him in the conversation. Technically, the conversation was a bit one sided since they did all the talking, but they always had the feeling that he understood them and absorbed what they were saying. They would frequently remark to each other that it really seemed as if Baxter was part of the conversation, even though they both knew this couldn't possibly be true. In truth, friends and neighbors thought they had an odd relationship with the dog, but most people were polite enough not to say anything.

Baxter was companionable and tended to settle in wherever Grandma and Grandpa were. On this day, with Baxter napping at her feet, Grandma wrapped up a zoom call with her longtime friends. The six women had managed to stay connected and in touch for several decades, sharing news of professional achievements, family milestones and discussions about the inevitable challenges of aging. Recently, their political conversations had become more difficult and disturbing as their youthful hopes and liberal politics had become clouded by global authoritarianism, restrictive laws, and widespread violence. This giant step backwards was discouraging after a lifetime of liberal gains. Seemingly, nothing could be done to reverse the situation.

Grandma mused about the sad and disturbing situation as she went into the kitchen. Baxter followed her and settled down most inconveniently between the refrigerator and the stove. His body ran almost the entire width of the kitchen floor, though Grandma was adept at stepping over him. "Oh Baxter," Grandma said half to herself and half to Baxter. "You are such a smart dog. But I really think you need a job. You're too smart to be lying around all day." Grandma turned back to the stove.

Lia piedo estis tro granda por la klavaro kaj evidente li ne povis paroli.

Baxter, aŭ pli formale, S. Baxter Flanders estis hundo. Ne ajna hundo kaj certe ne ordinara hundo. Unue, Baxter estis granda kaj harplena. Kaj lia felo estis tute nigra. De malproksime, li aspektis kiel poneo aŭ urso. Sed ne estis nur liaj grandeco aŭ aspekto tio, kio igis Baxter aliaspeca. Baxter havis talenton. "Juĝi homojn" estis lia vera alvokiĝo. Estis bonaj homoj kaj suspektindaj homoj. Kaj Baxter estis klara pri kiuj homoj apartenas al kiu kategorio. Foje tio estis embarasa por liaj posedantoj. Ili ofte deziris, ke li estu kompleza al ĉiuj. Sed ĉi tio kutime ne estis kio okazis.

Kun la tempo, Avinjo, Avĉjo kaj Baxter iĝis familio. Ne ordinara familio – tio estus Avinjo kaj Avĉjo kaj hundo – sed pli kiel tripersona familio kies membroj estis Avinjo, Avĉjo kaj saĝa, amema amiko. Ofte Avĉjo kaj Avinjo parolis al Baxter kaj inkluzivis lin en la konversacio. Strikte dirite, la konversacio estis iom unuflanka, ĉar ili faris la tutan paroladon, sed ili ĉiam havis la senton, ke li komprenis ilin kaj ensorbis tion, kion ili diris. Ili ofte rimarkigis unu al la alia, ke vere ŝajnis kvazaŭ Baxter estis parto de la konversacio, kvankam ili ambaŭ sciis, ke tio ne povus esti vera. Verdire, amikoj kaj najbaroj opiniis, ke ili havis strangan rilaton kun la hundo, sed la plej multaj homoj estis sufiĉe ĝentilaj kaj diris nenion.

Baxter estis akompanema kaj emis trankviliĝi kie ajn Avinjo kaj Avĉjo estis. En ĉi tiu tago, dum Baxter dormis ĉe ŝiaj piedoj, Avinjo finis videokonferencan vokon kun siaj longtempaj amikoj. La ses virinoj sukcesis resti konektitaj kaj en kontakto dum pluraj jardekoj, interŝanĝante novaĵojn pri profesiaj atingoj, familiaj mejloŝtonoj kaj diskutoj pri la neeviteblaj defioj de maljuniĝo. Lastatempe iliaj politikaj konversacioj fariĝis pli malfacilaj kaj maltrankvilaj, ĉar iliajn junularajn esperojn kaj liberalan politikon trafis tutmonda aŭtoritatismo, limigaj leĝoj kaj disvastiĝanta perforto. Ĉi tiu giganta paŝo malantaŭen estis malkuraĝiga post vivdaŭro de liberalaj gajnoj. Ŝajne nenio estis farebla por renversi la situacion.

Avinjo meditis pri la malgaja kaj maltrankviliga situacio, kiam ŝi iris en la kuirejon. Baxter sekvis ŝin kaj kuŝiĝis plej maloportune inter la fridujo kaj la forno. Lia korpo etendis preskaŭ la tutan larĝon de la kuireja planko, kvankam Avino scipovis lerte paŝi super lin. "Ho Baxter," diris Avinjo, duone al si mem kaj duone al Baxter. "Vi estas tiel saĝa hundo. Sed mi vere pensas, ke vi bezonas trovi laboron. Vi estas tro saĝa por resti kuŝanta la tutan tagon." Avinjo returnis sin al la forno.

"My kind did have a job long ago," said a deep, raspy voice. "It created many problems."

Grandma dropped her cooking spoon and slowly turned around. No one was there. She took a deep breath and kept looking at the doorway to the kitchen.

"It is I. You're hearing me," said S. Baxter Flanders as he stood up and looked into grandma's eyes. "I can speak."

Grandma sat down on the kitchen chair. She was upset and a little afraid. She just looked at Baxter. She didn't know what to do. Was she going crazy? Was she hearing voices?

Then she heard the front door open. Grandpa was home. "Grandpa! Grandpa! Come up to the kitchen NOW! It's important." Grandma's voice was shrill and upset.

"OK. What's wrong?" said Grandpa as he entered the kitchen short of breath from racing up the stairs. Grandma didn't answer. Silence. "Are you OK?" Grandpa said.

More silence.

"She's upset because I spoke to her," Baxter said in his deep, raspy voice.

More silence.

"What's going on here?" Grandpa said. "Is this a joke?"

"No," said Baxter. "I can talk. You have been right about me all along."

Grandpa sat down next to Grandma. "I don't understand. Dogs can't talk."

Baxter sat down too—but on the floor. "Well, actually, most dogs can talk but they choose not to speak. I know that all of my kind, the Giant Schnauzers, can speak, as can almost all other dogs, but we have pledged a vow of silence with humans. All humans know is that we look intelligent and seem to understand them. But they never think that we have speech. We prefer it like that. It was a choice—a decision—made more than half a century ago."

"Well Baxter, maybe you should tell us more about this," said Grandpa, as he settled in at the kitchen table.

"Ni hundoj ja havis laboron antaŭ longe," diris profunda, raspa voĉo. "Tio kreis multajn problemojn."

Avinjo faligis la kuleron kiun ŝi uzis por kuiri, kaj malrapide turnis sin. Neniu estis tie. Ŝi profunde enspiris kaj daŭre rigardis la pordon al la kuirejo.

"Jen mi. Vi aŭdas min," diris S. Baxter Flanders, kiam li ekstaris kaj rigardis en la okulojn de Avinjo. "Mi povas paroli."

Avinjo sidiĝis sur seĝon en la kuirejo. Ŝi estis ŝokita kaj ektimetis. Ŝi rigardis al Baxter. Ŝi ne sciis kion fari. Ĉu ŝi freneziĝis? Ĉu ŝi aŭdis voĉojn?

Tiam ŝi aŭdis la enirpordon malfermiĝi. Avĉjo estis hejme. "Avĉjo! Avĉjo! Venu al la kuirejo, TUJ! Gravas." La voĉo de Avinjo estis akra kaj emociplena.

"Do, kio okazas?" diris Avĉjo dum li eniris la kuirejon, senspire pro la kurado supren laŭ la ŝtuparo. Avinjo ne respondis. Silento. "Ĉu vi bone fartas?" diris Avĉjo.

Pli da silento.

"Ŝi estas ĉagrenita ĉar mi parolis al ŝi," Baxter diris per sia profunda, raspa voĉo.

Pli da silento.

"Kio okazas?" Avĉjo diris. "Ĉu tio ĉi estas ŝerco?"

"Ne," diris Baxter. "Mi povas paroli. Vi pravis pri mi la tutan tempon."

Avĉjo sidiĝis apud Avinjo. "Mi ne komprenas. Hundoj ne povas paroli."

Ankaŭ Baxter sidiĝis – sed sur la planko. "Nu, fakte la plejmulto de la hundoj povas paroli, sed ili elektas ne paroli. Mi scias, ke ĉiuj hundoj de mia raso, la gigantaj ŝnaŭceroj, povas paroli, kiel povas preskaŭ ĉiuj aliaj hundoj, sed ni promesis inter ni resti silentaj al homoj. Homoj nur scias, ke ni aspektas inteligentaj kaj ŝajnas kompreni ilin. Sed ili neniam pensas, ke ni havas parolkapablon. Ni preferas ĝin tiel. Tio estis elekto – decido – farita antaŭ pli ol duonjarcento."

"Nu, Baxter, eble vi rakontu al ni pli pri tio ĉi," diris Avĉjo, dum li komfortiĝis ĉe la kuireja tablo.

"Do you mind if I record this?" said Grandma, searching her phone for the video feature.

"Yes, I actually do mind if you record this," said Baxter. "I think you will understand when I tell you my story." Grandma put her phone away.


Baxter began: "His name was Dr. Ludwik Zamenhof and the year was 1887. Dr. Zamenhof was an eye doctor, and a visionary." Baxter looked up. "Get it —eye doctor and visionary?" Baxter chuckled at his own pun. (Grandpa and Grandma just looked at each other. Grandpa mouthed to Grandma, "He makes puns!")

Baxter continued, "Dr. Zamenhof was discouraged by the prejudice, violence and authoritarianism occurring in Poland and other countries—much the same way you, Grandma, are discouraged now. Dr. Zamenhof had an idea that he thought would help all nations move towards greater world peace. He knew that for people to get along, they had to be able to speak together and work out their differences. But how can people all over the world talk to each other if some people speak English and some speak Russian, some speak Chinese and some speak Arabic? Did you know that there are around 6500 different languages spoken by people in this world? And, of course, no one person could learn all these languages."

"So Dr. Zamenhof thought: 'what would happen if everyone spoke whatever language they wanted to, just as they always did. And he called that their first language. But then, what would happen if everyone learned the same second language? This would create a common language that all people of the world could share, without having to give up their primary language or mother tongue. With a common language, people could discuss their problems and find compromises and solutions, minimizing the tendency to go to war.' Now Dr. Zamenhof was a very careful, thorough, and determined man. And just as you two always think I can understand you, Dr. Zamenhof believed the same to be true of his dog. So he created a new common language and, over several years, taught this language to his beloved dog. Dr. Zamenhof kept the construction of the language simple. He reasoned that if this new language was simple enough for his dog to learn, then most people in the world could easily learn it too. When Dr. Zamenhof had successfully taught his dog this new language, friends and believers in world peace began to train their dogs too."

"Ĉu ĝenus vin, se mi registras tion ĉi?" diris Avinjo, serĉante sian poŝtelefonon por la videoregistrilo.

"Fakte, mi ja ne volas, ke vi registru tion ĉi," diris Baxter. "Mi pensas, ke vi komprenos kiam vi aŭdos la finon de mia rakonto." Avinjo formetis la poŝtelefonon.

Baxter ekrakontis: "Lia nomo estis d-ro Ludoviko Zamenhof kaj la jaro estis 1887. D-ro Zamenhof estis okulkuracisto kaj viziulo." Baxter rigardis supren. "Ĉu vi komprenis – okulkuracisto kaj viziulo?" Baxter ridis Pri sia propra vortludo. (Avĉjo kaj Avinjo nur rigardis unu la alian. Avĉjo buŝumis al Avinjo: "Li faras vortludojn!")

Baxter daŭrigis, "D-ro. Zamenhof estis senkuraĝigita de la antaŭjuĝo, perforto kaj aŭtoritatismo okazantaj en Pollando kaj en aliaj landoj – same kiel vi, Avinjo, nun estas. D-ro Zamenhof havis ideon, pri kiu li pensis, ke ĝi povus helpi ĉiujn naciojn moviĝi al pli granda mondpaco. Li sciis, ke por ebligi interkonsenton inter homoj, necesus ke ili havu la kapablon kune paroli kaj ellabori siajn diferencojn. Sed kiel povus homoj en la tuta mondo paroli inter si, kiam iuj parolas la anglan kaj iuj parolas la rusan, iuj parolas la ĉinan kaj iuj parolas la araban? Ĉu vi scias, ke estas ĉirkaŭ 6500 malsamaj lingvoj parolataj de homoj en la mondo? Kaj, komprenebla, neniu homo povus lerni ĉiujn tiujn lingvojn."

"Do doktoro Zamenhof pensis: 'Kio okazus, se ĉiu parolus kiun ajn lingvon ili volas, same kiel ĉiam. Kaj li nomis tiun ties unua lingvo. Sed – kio okazus, se ĉiuj lernus la saman duan lingvon? Tio kreus komunan lingvon, kiun ĉiuj homoj de la mondo povus kunhavi, sen bezono rezigni sian ĉefan lingvon aŭ gepatran lingvon. Per komuna lingvo oni povus diskuti pri siaj problemoj kaj trovi kompromisojn kaj solvojn, minimumigante la emon militi.' D-ro Zamenhof estis tre zorgema, detala kaj rezoluta homo. Kaj same kiel vi ambaŭ ĉiam pensas, ke mi povas kompreni vin, d-ro Zamenhof opiniis same pri sia hundo. Do li kreis novan komunan lingvon kaj, dum pluraj jaroj, instruis ĉi tiun lingvon al sia amata hundo. D-ro Zamenhof tenis la konstruon de la lingvo simpla. Li rezonis, ke – se tiu ĉi nova lingvo estus sufiĉe simpla por esti lernebla de lia hundo – ankaŭ la plej multaj homoj en la mondo povus facile lerni ĝin. Kiam d-ro Zamenhof sukcese instruis al sia hundo ĉi tiun novan lingvon, ankaŭ amikoj kaj kredantoj je mondpaco komencis trejni siajn hundojn."

"And so, many, many dogs learned this new language and indeed, this helped them get along with each other, despite obvious differences. I'm sure you noticed that in the park, the dachshund is my best friend, even though we look so different. And the collie, the poodle, the cocker spaniel and the mixed breeds (you call them "mutts") all get along. We all appear different and our breeds behave differently, but we share the language developed years ago. This common language helps us look beyond the obvious differences. And this is true for most dogs in the many different countries around the world. We are so grateful that Dr. Zamenhof taught us this language, which he called "The International Language." Over time, people began to refer to his language as the language of hope, and from that, translated, we have this language called Esperanto."

* * *

Grandma and Grandpa were dumbfounded. This was an amazing story. First, they found out that Baxter could speak. And then they learned that he could speak not one, but two languages. And to wrap it all up, Baxter gave them an amazing history lesson.

Grandma poured Grandpa and herself a cup of tea. Then she asked Baxter if he wanted anything to drink. She felt a little embarrassed that they were feeding this brilliant dog such plain boring food and expecting him to eat off the floor! He was so smart, he should be an honored dinner guest. But for right now, Grandma did not bring this up to either Baxter or Grandpa.

Grandpa then said: "Baxter—this is quite a story, but we know that learned traits are not passed down to children or to puppies. I don't quite understand how these smart dogs passed speech to their pups."

"Well," Baxter said, "if you think about it, it's actually quite logical."

"The first fact is that for every one of your generations, we dogs have about seven generations. So, many, many dog generations have come and gone since Dr Zamenhof developed his idea. But more importantly, and more to your point Grandpa—may I call you Grandpa? (Grandpa vigorously nodded OK)— the dogs who were able to speak, could communicate and tell each other where to find food, shelter and kind owners. So the

"Kaj tiel multaj, multaj hundoj lernis ĉi tiun novan lingvon, kaj efektive, tio helpis ilin interkonsenti, malgraŭ evidentaj diferencoj. Mi certas, ke vi rimarkis, ke en la parko, la melhundo estas mia plej bona amiko, kvankam ni aspektas tiel malsame. Kaj la ŝafhundo, la pudelo, la spanielo, kaj la miksrasoj (vi nomas ilin "mikshundoj") ĉiuj interkonsentas. Ni ĉiuj ŝajnas malsamaj kaj niaj rasoj kondutas malsame, sed ni dividas inter ni la lingvon disvolviĝintan de antaŭ multaj jaroj. Ĉi tiu komuna lingvo helpas nin rigardi preter la evidentaj diferencoj. Kaj ĉi tio validas por la plej multaj hundoj en la multaj malsamaj landoj tra la mondo. Ni estas tre dankemaj, ke d-ro Zamenhof instruis al ni ĉi tiun lingvon, kiun li nomis 'La Internacia Lingvo'. Kun la tempo, homoj komencis nomi lian lingvon la lingvo de la espero, kaj el tio, tradukite, ni havas ĉi tiun lingvon nomatan Esperanto."

∗ ∗ ∗

Avinjo kaj Avĉjo ege surpriziĝis. Ĉi tio estis mirinda rakonto. Unue, ili eksciis, ke Baxter kapablas paroli. Kaj plie ili eksciis, ke li scipovas paroli ne nur unu, sed du lingvojn. Kaj krome, Baxter donis al ili mirindan historian lecionon.

Avinjo verŝis al Avĉjo kaj al si tason da teo. Tiam ŝi demandis al Baxter, ĉu li volas ion trinki. Ŝi sentis sin iom embarasita, ke ili nutris ĉi tiun brilan hundon per tiel simpla, enua manĝaĵo, kaj atendis ke li manĝu de la planko! Li estis tiel saĝa, li devus esti honora gasto je vespermanĝoj. Sed dume, avino ne menciis tion al Baxter aŭ Avĉjo.

Avĉjo tiam diris: "Baxter – ĉi tio estas mirinda rakonto, sed ni scias, ke lernitaj trajtoj ne estas transdonitaj al infanoj aŭ al hundidoj. Mi ne tute komprenas, kiel ĉi tiuj saĝaj hundoj transdonis parolkapablon al siaj idoj."

"Nu," Baxter diris, "se vi pripensas la aferon, ĝi estas efektive tre logika."

"La unua fakto estas, ke por ĉiu el viaj generacioj, ni hundoj havas proksimume sep generaciojn. Do, multaj, multaj hundgeneracioj venis kaj forpasis de kiam d-ro Zamen-hof disvolvis sian ideon. Sed pli grave, kaj pli rekte al via punkto, Avĉjo – ĉu mi povas nomi vin Avĉjo? (Avĉjo vigle kapjesis) – la hundoj, kiuj povis paroli, ja povis komuniki kaj diri unu al la alia kie trovi manĝaĵon, ŝirmejon kaj afablajn posedantojn. Do la ability to speak led to survival. And those who survived reproduced, passing down their ability to speak. I believe you call this Darwinian evolution, or survival of the fittest."

"Good answer," Grandpa said. "That does make sense. But then, what happened? Why did the dogs stop speaking?"

Baxter lifted his big brown eyes and said "This is where the story gets very sad. Unfortunately, when Hitler came into power, around 1933, he began to design experiments to hasten the evolution of my breed, the Giant Schnauzers, who excelled in speaking German and understanding complex ideas. The Nazis and those that supported this regime realized that a family dog who could understand and speak gave them an unprecedented advantage. Family dogs were privy to sensitive information and behind-the-scenes private conversations. By encouraging the widespread popularity of Giant Schnauzers, top secrets would come to the Nazi officials and they could plan on winning the war and taking over the world. When my ancestors realized what was happening and how their gift of language could be used for evil, they, and all the other dogs of the world, took an oath to raise their offspring with language that they would keep secret from humans. They assumed, correctly, that the Nazis would think that natural evolution that came from dogs inbreeding had caused speech to become extinct. And, of course, they had absolutely no idea that the Schnauzers and all the other dogs of the world had the common second language of Esperanto, that had been passed down from the days of Dr. Zamenhof. The idea of a second language had never occurred to them as they thought German was the best language that ever existed. The Nazis vowed to pursue the problem of the disappearing Schnauzer speech, but they were so caught up in the other aspects of the ongoing war that they didn't have enough scientific personnel to focus on this project. Eventually, the few top-secret scientists who knew of our speaking ability died off and we, the tribe of the Giant Schnauzers have continued to keep our language ability a secret. And we have asked all other dogs, of all other nations, to keep their speaking ability and our mutual understanding of Esperanto a secret from all humans, in all countries."

"That's quite a story, Baxter," said Grandpa. "But why are you telling us your secret now?"

Baxter sighed. "I know you are good people. But just as in Dr. Zamenhof's time, so many people in this country and in other countries are not good. Goodness is simply not winning. We want to help. And our silence is not helping. All over the world, people are kapablo paroli kondukis al travivo. Kaj tiuj, kiuj pluvivis, reproduktiĝis, transdonante sian parolkapablon. Mi kredas, ke vi nomas ĉi tion darvinisma evoluo aŭ travivo de la plej kapabla."

"Bona respondo," diris Avĉjo. "Tio havas sencon. Sed tiam, kio okazis? Kial la hundoj ĉesis paroli?"

Baxter levis siajn grandajn brunajn okulojn kaj diris "Ĉi tie la rakonto fariĝas tre malĝoja. Bedaŭrinde, kiam Hitler ekregis, ĉirkaŭ 1933, li komencis elpensi eksperimentojn por akceli la evoluon de mia raso – de la gigantaj ŝnaŭceroj, kiuj estis elstaraj parolantoj de la germana kaj komprenis kompleksajn ideojn. La nazioj kaj la subtenantoj de ilia reĝimo komprenis, ke familia hundo, kiu povas kompreni kaj paroli, donus al ili senprecedencan avantaĝon. Familiaj hundoj konas ŝlosilajn informojn kaj havas aliron al privataj konversacioj. Instigante ĝeneralan populariĝon de gigantaj ŝnaŭceroj, plej gravaj sekretoj povus veni al la naziaj oficialuloj, kaj ili povus plani kiel gajni la militon kaj konkeri la mondon. Kiam miaj prapatroj komprenis, kio okazis kaj kiel ilia lingvokapablo povus esti uzata por malbono, ili, kaj ĉiuj aliaj hundoj en la mondo, ĵuris kreskigi siajn idojn per lingvo, kiun ili tenus sekreta. Ili supozis, ĝuste, ke la nazioj pensus, ke la natura evoluo, kiu venas de kruĉigo de hundorasoj, kaŭzis la malaperon de la parolkapablo. Kaj, kompreneble, ili tute ne sciis, ke la ŝnaŭceroj kaj ĉiuj aliaj hundoj de la mondo havis Esperanton kiel komunan duan lingvon, kaj ke ĝi estas transdonata de la tempo de d-ro Zamenhof. Ili neniam eĉ pensis pri la ideo de dua lingvo, ĉar ili opiniis, ke la germana estis la plej bona lingvo kiu iam ajn ekzistis. La nazioj promesis al si trakti la problemon de la malaperanta parolkapablo de la ŝnaŭceroj, sed ili estis tiel okupitaj pro la aliaj aspektoj de la daŭranta milito, ke ili ne havis sufiĉe da scienca personaro por entrepreni ĉi tiun projekton. En la fino, la malmultaj sekretaj sciencistoj, kiuj sciis pri nia parolkapablo, formortis, kaj ni, la tribo de la gigantaj ŝnaŭceroj, daŭre gardis nian lingvan kapablon kiel sekreton. Kaj ni petis ĉiujn aliajn hundojn, de ĉiuj aliaj nacioj, ke ili gardu la sekreton pri sia parolkapablo kaj pri nia reciproka kompreno de Esperanto, kaj ke ili kaŝu ĝin de ĉiuj homoj, en ĉiuj landoj."

"Mirinda rakonto, Baxter," diris Avĉjo. "Sed kial vi nun rakontas al ni vian sekreton?"

Baxter suspiris. "Mi scias, ke vi estas bonaj homoj. Sed same kiel en la tempo de d-ro Zamenhof, multaj homoj en ĉi tiu lando kaj en aliaj landoj ne estas bonaj. Boneco simple ne venkas. Ni volas helpi. Kaj nia silento ne helpas. Ĉie en la mondo, homoj travivas

going through hard times. The political situations are grim. There has been mishandling of people's freedom, a lack of food, water and shelter and a disregard for basic rights. The situation seems to be getting worse. There is a great deal of lying in every country from the media, government officials and people in power. Bad people have gained power in many places."

"How did you find out about this?" Grandma asked.

"When there is off-leash time in the park, the dogs gather and exchange tidbits of information. Often it is just a bit of gossip—who is going where, who is getting a weekend house—things like that. And of course, we have more substantive conversations. Over the past few months, the dogs have been talking about many wrongdoings. Some of their owners work in our country, some work for other countries-- for a government or for a bank or even for scientific organizations. The dogs say that their owners are being asked to lie about many matters. The owners are very upset but are afraid of losing their jobs. We've also noticed how extreme people's opinions have become. It seems that people can't listen to each other anymore, anywhere in the world. And certainly, my ancestors knew what comes of a country where only one view is permitted."

"The Schnauzers, in particular, with their enormous grasp of language and concepts are very concerned. I'm actually the Leader of the Schnauzers Can Speak Party and they asked me, with the support of all the other dogs in the park, to break my vow of silence and talk to both of you about this terrible situation."

"What you say is true, Baxter," said Grandpa. "But I'm not sure what we—or you—can do about this. What did you have in mind?"

Baxter looked down and shed a tear. "I really don't know. I hoped the two of you might have some ideas."

* * *

The nearby park was as lovely as always and Grandpa, Grandma and Baxter set themselves up at their favorite area, just beneath a large sprawling oak tree. Grandma put a tablecloth over the picnic table and spread out the sandwiches, salads and cookies that

malfacilajn tempojn. La politikaj situacioj estas malesperigaj. Okazis mistraktado de la libereco de homoj, manko de manĝaĵo, de akvo kaj de ŝirmejoj – kaj malrespekto de bazaj rajtoj. Ŝajnas ke la situacio plimalboniĝas. Estas multe da mensogado en ĉiu lando fare de la amaskomunikiloj, registaraj oficistoj kaj potenchavaj homoj. Malbonaj homoj akiris potencon en multaj lokoj."

"Kiel vi eksciis pri tio?" Avinjo demandis.

"Kiam ni estas senŝnuraj en la parko, la hundoj kolektiĝas kaj interŝanĝas informojn. Ofte temas nur pri iom da klaĉado – kiu iras kien, kiu iros al semajnfina domo –, tiaj aferoj. Sed kompreneble ni havas pli enhavoplenajn konversaciojn. Dum la lastaj monatoj, la hundoj parolis pri multaj misfaroj. Kelkaj el iliaj posedantoj laboras en nia lando, kelkaj laboras por aliaj landoj – por registaro aŭ por banko aŭ eĉ por sciencaj organizaĵoj. La hundoj diras, ke iliaj posedantoj estas petataj mensogi pri multaj aferoj. La posedantoj estas tre ĉagrenitaj, sed timas perdi siajn laborpostenojn. Ni ankaŭ rimarkis, kiel ekstremaj la opinioj de homoj fariĝis. Ŝajnas, ke homoj ne plu povas aŭskulti unu la alian, ie ajn en la mondo. Kaj certe miaj prapatroj sciis, kio venas de lando kie nur unu vidpunkto estas permesita."

"La ŝnaŭceroj, precipe, kun sia enorma rego de lingvo kaj konceptoj, estas tre maltrankvilaj. Mi fakte estas la Estro de la Partio de la Parolantaj Ŝnaŭceroj, kaj ili petis min, kun la subteno de ĉiuj aliaj hundoj en la parko, rompi mian promeson pri silento kaj paroli kun vi ambaŭ pri ĉi tiu terura situacio."

"Kion vi diras, Baxter, estas la vero," diris Avĉjo. "Sed mi ne certas, kion ni – aŭ vi – povas fari pri ĉi tio. Kion vi pensis fari?"

Baxter rigardis malsupren kaj forverŝis larmon. "Mi vere ne scias. Mi esperis, ke vi du povus havi kelkajn ideojn."

\* \* \*

La parko proksima estis ĉarma kiel ĉiam, kaj Avĉjo, Avinjo kaj Baxter starigis sin ĉe sia plej ŝatata loko, sub grandega kverko. Avinjo metis tablotukon super la piknikan tablon kaj pretigis la sandviĉojn, salatojn kaj kuketojn, kiuj konsistigis ilian kutiman dimanĉan

comprised their usual Sunday lunch. They brought a bowl for Baxter's food and another one for his water and they relaxed as he ran about with his four-legged friends.

Of course, this picnic was different as Grandma and Grandpa now knew that Baxter and the other dogs in the park could speak and understand each other and their human owners. Somehow, the ordinary game of fetch took on a new meaning as they watched Baxter play with his friends. Yes, the dogs all chased the ball as usual, but Grandma and Grandpa now noticed that the dogs spent a long time surrounding the ball once it landed on the grass. Off in the distance, far away from their owners, the dogs appeared to be huddled together with the ball at the center.

"I bet they are having a conversation," Grandpa said, squinting and shielding his eyes to see more clearly. "I wonder what they are talking about."

"And I wonder what language they are speaking!" said Grandma. "Remember, Baxter is bilingual." Grandma continued: "This is so weird. Nothing feels natural anymore. I feel as if I have to watch everything I say because Baxter really does understand. It truly is the three of us now. Even ordinary things, like putting out this picnic lunch seems odd. Am I supposed to offer some of our food to Baxter? And his water bowl is here, as always, but it's lying in the dirt. He's too much like one of us to be eating off the ground. This is just too weird." She thought for a moment and then said: "I'm really not sure how I feel about Baxter speaking and I don't know if I can get used to it. On the one hand, it's great but on the other hand, everything is different. It's really strange."

"True" said Grandpa, a bit distracted. "But I must say, I'm really curious. I wonder what the dogs are talking about."

Just then, Baxter bounded back to the picnic table and headed directly to his water bowl. He took many long slurps and Grandpa refilled the bowl when it was empty. Then Baxter lay down in the grass under the oak tree and closed his eyes.

"Exhausting," said Baxter. "Those young pups have so much energy. They would run around all day if you let them."

"Umm Baxter," Grandpa began, a bit awkwardly. "Is it OK to ask you if you were talking to the other dogs just now? You know, when you were all chasing the ball and then huddled over it."

tagmanĝon. Ili alportis bovlon por la manĝaĵo de Baxter kaj alian por lia akvo, kaj ili malstreĉiĝis dum li ĉirkaŭkuris kun siaj kvarpiedaj amikoj.

Kompreneble, ĉi tiu pikniko estis malsama, ĉar Avinjo kaj Avĉjo nun sciis, ke Baxter kaj la aliaj hundoj en la parko povis paroli kaj kompreni unu la alian kaj siajn homajn posedantojn. Iel la ordinara ludo de alportado ricevis novan signifon, dum ili rigardis Baxter ludi kun siaj amikoj. Jes, la hundoj ĉiuj postkuris la pilkon kiel kutime, sed Avinjo kaj Avĉjo nun rimarkis, ke la hundoj longe ĉirkaŭis la pilkon kiam ĝi surteriĝis sur la herbon. En la foro, malproksime de siaj posedantoj, la hundoj ŝajnis esti kunpremitaj ĉirkaŭ la pilko en la centro.

"Mi vetas, ke ili konversacias," diris Avĉjo, palpebrumante kaj ŝirmante siajn okulojn por pli klare vidi. "Mi scivolas, pri kio ili parolas."

"Kaj mi scivolas, kiun lingvon ili parolas!" diris Avinjo. "Memoru, ke Baxter estas du-lingva." Avinjo daŭrigis: "Ĉio ĉi estas tiel stranga. Nenio plu ŝajnas normala. Mi sentas kvazaŭ mi devas atenti pri ĉio, kion mi diras, ĉar Baxter vere komprenas. Ni nun estas efektive tri. Eĉ ordinaraj aferoj, kiel aranĝi ĉi tiun piknikan tagmanĝon, ŝajnas strangaj. Ĉu mi devas oferti iom el niaj manĝaĵoj al Baxter? Kaj lia akvopelvo estas ĉi tie, kiel ĉiam, sed ĝi kuŝas sur la grundo. Li tro similas al unu el ni por manĝi de sur la tero. Ĉi tio estas tro stranga." Ŝi pensis momenton kaj poste diris: "Mi vere ne certas, kiel mi sentas min pri la fakto ke Baxter parolas – kaj mi ne scias, ĉu mi povas alkutimiĝi al tio. Unuflanke, tio estas bonega, sed aliflanke, ĉio estas malsama. Estas vere strange."

"Vere" diris Avĉjo, iom distrita. "Sed mi devas diri, ke mi estas vere scivolema. Mi scivolas pri kio la hundoj parolas."

Ĝuste tiam Baxter saltis reen al la pikniktablo kaj direktiĝis al sia akvopelvo. Li longe kaj ŝmace sorbis kaj Avĉjo replenigis la pelvon kiam ĝi iĝis malplena. Tiam Baxter kuŝiĝis sur la herbo sub la kverko kaj fermis la okulojn.

"Elĉerpige," diris Baxter. "Tiuj junaj hundidoj havas tiom da energio. Ili kurus la tutan tagon, se vi permesus ilin."

"Mmm, Baxter," ekparolis Avĉjo, iom embarasite. "Ĉu estas bone demandi vin, ĉu vi ĵus parolis kun la aliaj hundoj? En la momento, kiam vi ĉiuj postkuris la pilkon kaj poste kolektiĝis ĉirkaŭ ĝi."

"Actually," Baxter responded, "fetching the ball is our signal that class is beginning. Think about it. You don't need ten dogs to all go after the same ball. The truth is we all run after the ball because we need that precious time to train the young dogs in Esperanto. And believe me, this is not an easy job. Dogs only show up in the park when their owners bring them and we lose many days to owners' work schedules, to bad weather, and—frankly—to laziness. So when a pup does come to the park we really have to use the fetch time to chase the ball and get it as far away from the owner as possible. Then we need to keep the pup's attention while they are taught the basics of our universal language. It takes many lessons and many games of fetch to actually get the young ones to be fluent in Esperanto."

Grandma took a few steps back. She was suddenly feeling very guilty. Truthfully, there were times she would walk Baxter near the house rather than take him to the park. Sometimes she got up late or had other things to do. She never imagined that she was interfering with his teaching schedule.

Baxter looked at Grandma and sensed her discomfort. With kindness, he said "Don't worry. When I'm not at the park, another senior dog takes over the teaching duties. Remember that we all know the language, so it's not just up to me to do the teaching of the young ones and you couldn't have possibly known what I was doing in the park."

"Thank you for saying that Baxter." Grandma was greatly relieved.

"So Baxter, how do you do actually teach a lesson to the pups?" asked Grandpa.

Baxter looked at Grandpa and said "It's not hard. Getting them to pay attention is the difficult part. The language, itself, is fairly simple."

Baxter looked at Grandma and Grandpa and slowly said:

"Mi estas Baxter." "I am Baxter."

"Mi estas hundo." "I am a dog."

"Mi estas via hundo." "I am your dog."

Grandpa's mouth dropped open a bit. "Should I say that again?" said Baxter. "Yes," said Grandpa. Grandma sat down next to Grandpa.

"Fakte," Baxter respondis, "alporti la pilkon estas nia signalo, ke klaso komenciĝas. Pensu pri tio. Oni ne bezonas dek hundojn por postkuri unu saman pilkon. La vero estas, ke ni ĉiuj postkuras la pilkon, ĉar ni bezonas tiun valoran tempon por trejni la junajn hundojn scipovi Esperanton. Kaj kredu min, ĉi tio ne estas facila laboro. Hundoj aperas en la parko nur kiam iliaj posedantoj kunvenigas ilin, kaj ni perdas multajn tagojn pro laborhoraroj de posedantoj, pro malbona vetero, kaj – verŝajne – pro maldiligento. Do kiam hundido venas al la parko, ni vere devas uzi la ludotempon por ĉasi la pilkon kaj malproksimigi ĝin kiel eble plej for de la posedanto. Tiam ni devas konservi la atenton de la hundido dum oni instruas al ĝi la bazojn de nia universala lingvo. Necesas multaj lecionoj kaj multaj ludoperiodoj por vere igi la junulojn fluaj en Esperanto."

Avinjo faris kelkajn paŝojn malantaŭen. Ŝi subite sentis sin tre kulpa. Verdire, estis fojoj kiam ŝi promenis Baxter proksime de la domo anstataŭ konduki lin al la parko. Kelkfoje ŝi ellitiĝis malfrue aŭ havis aliajn aferojn por fari. Ŝi neniam imagis, ke ŝi interrompis lian instruan horaron.

Baxter rigardis Avinjon kaj sentis ŝian malkomforton. Afable li diris: "Ne maltrankvili-iĝu. Kiam mi ne estas en la parko, alia sperta hundo transprenas la instruajn devojn. Memoru, ke ni ĉiuj konas la lingvon, do ne dependas nur de mi fari la instruadon de la junaj, kaj vi ne povis scii, kion mi faras en la parko."

"Dankon, ke vi diris tion, Baxter." Avinjo multe trankviliĝis.

"Do, Baxter, kiel vi efektive donas lecionon al la hundidoj?" demandis Avĉjo.

Baxter rigardis Avĉjon kaj diris "Ne estas malfacile. Atentigi ilin estas la malfacila parto. La lingvo mem estas sufiĉe simpla."

Baxter rigardis Avinjon kaj Avĉjon kaj malrapide diris:

"I am Baxter." "Mi estas Baxter."

"I am a dog." "Mi estas hundo."

"I am your dog." "Mi estas via hundo."

La buŝo de Avĉjo iomete malfermiĝis. "Ĉu mi diru tion denove?" diris Baxter. "Jes," diris Avĉjo. Avinjo sidiĝis apud Avĉjo.

Baxter patiently repeated the phrases two more times.

Grandpa and Grandma were fascinated.

"Can we try?" Grandpa said.

"Certainly," Baxter responded. He was delighted that they were so interested.

"So let's just change this a bit. We'll do your names and then say that you, Grandpa, are a man. And for you Grandma, we'll say your name and that you are a woman."

Grandpa and Grandma nodded. They were excited.

Baxter sat up very tall, looking very professorial, and said:

"Grandpa, repeat after me:

Mia nomo estas Avĉjo. My name is Grandpa.

Mi estas viro. I am a man."

He then looked at Grandma.

"Grandma, now it's your turn. Repeat after me:

Mia nomo estas Avinjo. My name is Grandma.

Mi estas virino. I am a woman."

* * *

Later that evening, Grandpa was at his desk while Grandma and Baxter were asleep in the bedroom. "She's right," Grandpa thought. "This is really weird. I have a bilingual dog who is teaching us Esperanto, a language I thought had disappeared a long time ago. This is seriously weird."

After some musing, Grandpa decided to review the research and anchor himself in facts. He knew that information was calming and would help him make sense of the situation.

Baxter pacience ripetis la frazojn ankoraŭ du fojojn.

Avĉjo kaj avino estis fascinitaj.

"Ĉu ni povas provi?" Avĉjo diris.

"Certe," Baxter respondis. Li ĝojis, ke ili tiom interesiĝis.

"Do ni simple ŝanĝu ĉi tion iomete. Ni diros viajn nomojn kaj poste diros, ke vi, Avĉjo, estas viro. Kaj por vi Avinjo, ni diros vian nomon kaj ke vi estas virino."

Avĉjo kaj Avinjo kapjesis. Ili estis ekscititaj.

Baxter eksidis tre alte, aspektante tre profesoreca, kaj diris:

"Avĉjo, ripetu post mi:

My name is Grandpa. Mia nomo estas Avĉjo.

I am a man. Mi estas viro."

Li tiam rigardis Avinjon.

"Avinjo, nun estas via vico. Ripetu post mi:

My name is Grandma. Mia nomo estas Avinjo.

I am a woman. Mi estas virino."

* * *

Poste tiun vesperon, Avĉjo estis ĉe sia skribotablo dum Avinjo kaj Baxter dormis en la dormoĉambro. "Ŝi pravas," Avĉjo pensis. "Ĉi tio estas vere stranga. Mi havas dulingvan hundon, kiu instruas al ni Esperanton – lingvon, pri kiu mi pensis, ke ĝi malaperis antaŭ longe. Tio ĉi estas ege stranga."

Post iom da pripensado, Avĉjo decidis revizii la esplorojn kaj ankri sin en faktoj. Li sciis, ke informo trankviligas kaj helpus lin kompreni la situacion. Li ŝaltis sian komputilon

He turned on his computer and searched for talking dogs, but there wasn't much to be found. This was logical as Baxter had told them that, during the Nazi regime, dogs took a vow of silence. And that was almost a century ago.

Grandpa had better luck when he searched for Esperanto. Expecting to find just a few sentences that described it as the wishful thinking of dreamers or perhaps a little-known constructed language, he was surprised to find something quite different. Apparently, more than a century ago, there was widespread excitement over Dr. Zamenhof's vision of a universal second language, and the good doctor had been nominated for a Nobel Peace Prize a dozen times. Soon after his death, his idea of a universal second language was proposed to the League of Nations. It was voted upon, and although it did not pass, it was defeated by only one vote. Despite this, Dr. Zamenhof's universal language never died. As recently as 2017, honoring Dr. Zamenhof 100 years after his death, UNESCO selected him as one of its eminent personalities. Statues in his honor have been erected in Europe and, even nowadays, numbers of peace-loving people around the world and, of course, all of the many generations of dogs that have followed his death, have learned to speak Esperanto.

Intrigued by what he was finding, Grandpa continued his research. He was amused to learn that Dr. Zamenhof had published a "how to" manual on this International Language under the nom de plume of Dr. Esperanto.

Grandpa was immediately drawn in by the introduction to the manual: "It is likely that the eyes of the reader will light upon this pamphlet not without a certain amount of distrust, supposing, at first blush, that it treats of an Utopia utterly impossibly of realization..." (1)

"Well," Grandpa thought, "Zamenhof is accurate. I might have called it skepticism rather than distrust, but I am certainly wary of this Esperanto idea." Grandpa kept reading.

Dr. Zamenhof/Dr. Esperanto continued with his vision of a language ". . . that could be adopted by all nations and be the common property of the whole world, without belonging in any way to any existing nationality . . . the whole world would be as one family." (2)

Grandpa looked up from his computer. He was moved by the writings. Not only was Dr. Zamenhof a kindred soul in his wish for world harmony, but he was an activist, mak-

kaj serĉis pri parolantaj hundoj, sed preskaŭ nenio aperis. Tio estis logika, ĉar Baxter rakontis al ili ke, dum la nazireĝimo, hundoj ĵuris resti silentaj. Kaj tio estis antaŭ preskaŭ unu jarcento.

Avĉjo havis pli fruktodonan sperton, kiam li serĉis pri Esperanto. Atendante trovi nur kelkajn frazojn, kiuj priskribus ĝin kiel deziron de revemuloj aŭ eble malmulte konatan konstruitan lingvon, li surpriziĝis trovi ion tute alian. Ŝajne, antaŭ pli ol jarcento, estis disvastigita ekscito pri la vizio de d-ro Zamenhof pri universala dua lingvo, kaj la bona kuracisto estis nomumita al Nobel-premio pri paco dekdufoje. Baldaŭ post lia morto, lia ideo de universala dua lingvo estis proponita al la Ligo de Nacioj. Okazis voĉdono pri la ideo, kaj kvankam ĝi ne sukcesis, ĝi malsukcesis pro nur unu voĉdono. Malgraŭ tio, la universala lingvo de d-ro Zamenhof neniam mortis. Ankoraŭ en 2017, honorante d-ron Zamenhof 100 jarojn post lia morto, Unesko elektis lin kiel unu el siaj eminentaj personecoj. Statuoj je lia honoro estis starigitaj en Eŭropo kaj, eĉ nuntempe, nombro da pac-amantoj tra la mondo kaj, komprenebele, ĉiuj el la multaj generacioj de hundoj kiuj sekvis lian morton, lernis paroli Esperanton.

Mirigita de tio, kion li trovis, Avĉjo daŭrigis sian esploradon. Li amuziĝis ekscii, ke d-ro Zamenhof publikigis manlibron pri kiel lerni ĉi tiun Internacian Lingvon sub la plumnomo d-ro Esperanto.

Avĉjo tuj estis altirita de la enkonduko de la manlibro: "Estas verŝajne ke la okuloj de la leganto rigardos ĉi tiun broŝuron kun ioma malfido, supozante, je la unua rigardo, ke ĝi traktas Utopion tute nerealigeblan…" (1)

"Nu," pensis Avĉjo, "Zamenhof estis prava. Mi eble nomus ĝin skeptikeco anstataŭ malfido, sed mi certe dubas pri ĉi tiu esperanta ideo." Avĉjo daŭre legis.

D-ro Zamenhof/d-ro Esperanto daŭrigis per sia vizio de lingvo "... kiu povus esti adoptita de ĉiuj nacioj kaj esti la komuna posedaĵo de la tuta mondo, sen aparteno iel ajn al iu ajn ekzistanta nacio. . . la tuta mondo estus kiel unu familio." (2)

Avĉjo suprenrigardis de sia komputilo. Li estis kortuŝita de la vortoj. D-ro Zamenhof ne nur estis parenca animo en sia deziro al monda harmonio, sed li estis aktivulo, realigante

ing his dreams a reality. Dr. Zamenhof had three basic principles: a universal language must be simple to learn, it must be able to serve as the basis for international relations and lastly, and perhaps most complicated, the indifference, laziness, apathy, and skepticism—call it what you will—of most people needed to be overcome to create this new reality.

Dr. Zamenhof addressed the first two concerns fairly easily, but the third concern, indifference, was more complex. He said that if people had a universal language, the world would be "... greatly pleased with it, yet each one wants this great change to be affected *without the least inconvenience or sacrifices on his part*; that all of a sudden, he should awaken some fine morning and find the whole wide world speaking this new tongue." (3)

Dr Zamenhof's solution to this complicated issue of human nature was to distribute his pamphlet widely throughout the world and ask the readers to sign a pledge to agree to learn the language if ten million persons agree to make the same promise. (4)

Grandpa closed the computer. Clearly Dr. Zamenhof's goal had never come to fruition.

* * *

The following Sunday was a festive day and included a visit from the kids and grandkids. Grandpa and Grandma liked having a full house once again. Grandma busied herself in the kitchen, Grandpa set the table and Baxter napped near the front door as they all eagerly awaited the family's arrival. As Grandpa was rummaging around the kitchen cabinet balancing a stack of plates and silverware that were headed for the dining room table, Grandma followed him. "I'm not sure we should tell the kids about Baxter's secret," she said. "I know," said Grandpa. "I was thinking the same thing. It seems like we owe it to Baxter to keep this quiet. He really trusts us and he only told us his secret so that we can help solve a problem. If other people found out that dogs can speak, I'm not sure what would happen. Maybe the information would get into the wrong hands again and then bad people would again be using dogs to spy on families."

"OK. So we stay silent," Grandma said. "But this is quite a big secret to keep to ourselves."

siajn revojn. D-ro Zamenhof havis tri bazajn principojn: universala lingvo devas esti simple lernebla, ĝi devas povi servi kiel bazo por internaciaj rilatoj kaj laste, kaj eble plej komplike, la indiferenteco, maldiligento, apatio kaj skeptiko – nomu ĝin tio, kion vi volas – de la plej multaj homoj devas esti venkitaj por krei ĉi tiun novan realon.

D-ro Zamenhof traktis la unuajn du zorgojn sufiĉe facile, sed la tria zorgo, indiferenteco, estis pli kompleksa. Li diris ke, se homoj havus universalan lingvon, la mondo estus "... tre kontenta pri ĝi, tamen ĉiuj volus, ke ĉi tiu granda ŝanĝo okazu *per la plej malgranda peno aŭ oferoj flanke de ili*; ke subite ili vekiĝus iun belan matenon kaj trovus la tutan vastan mondon parolanta ĉi tiun novan lingvon." (3)

La solvo de d-ro Zamenhof al ĉi tiu komplika afero de la homa naturo estis vaste disvastigi sian broŝuron tra la mondo kaj peti la legantojn subskribi promeson por konsenti lerni la lingvon, se dek milionoj da personoj konsentus fari la saman promeson. (4)

Avĉjo fermis la komputilon. Kompreneble la celo de d-ro Zamenhof neniam realiĝis.

✶ ✶ ✶

La sekva dimanĉo estis festa tago kaj inkludis viziton de la infanoj kaj nepoj. Avĉjo kaj Avinjo ŝatis havi denove plenan domon. Avinjo okupis sin en la kuirejo, Avĉjo pretigis la tablon kaj Baxter dormetis proksime de la ĉefpordo, dum ili ĉiuj fervore atendis la alvenon de la familio. Dum Avĉjo traserĉis la kuirejan ŝrankon balancante stakon da teleroj kaj manĝilaro kiuj survojis al la manĝotablo, Avinjo sekvis lin. "Mi ne certas, ke ni diru al la infanoj pri la sekreto de Baxter," ŝi diris. "Mi konsentas," diris Avĉjo. "Mi pensis la samon. Ŝajnas, ke ni ŝuldas al Baxter teni tion ĉi sekreta. Li vere fidas nin kaj li nur rakontis al ni sian sekreton por ke ni povu helpi solvi problemon. Se aliaj homoj ekscius, ke hundoj povas paroli, mi ne certas, kio okazus. Eble la informoj denove atingus maltaŭgajn homojn, kaj tiam malbonaj homoj denove uzus hundojn por spioni familiojn."

"Bone. Do ni restos silentaj," diris Avinjo. "Sed ĉi tio estas tre granda sekreto por konservi al ni mem."

The family supper proceeded with the usual warmth, chatter and catch up on school events. Daniel told them a bit about his new job as a second-grade teacher, and there was excitement over Abby's upcoming graduation. Even she thought that the four years in college had passed quickly. And Emily, the youngest of their family, was busy rehearsing for her part in the school's version of "The Nutcracker." Grandma was looking forward to that show as she had taken the children to the professional performance many times when they were younger. All in all, it was a good, warm and fun visit.

Grandma and Daniel began clearing the table to set up for dessert. He used the opportunity to tell her a bit more about the seven- year- olds that he was teaching. To Grandma, it sounded like a handful, trying to get a bunch of young children to read, write and hone their communication skills. But Daniel was really into it and seemed to enjoy what he was doing. Grandpa joined in the conversation a bit, and then took the plates from Daniel and shooed him back into the living room with the rest of his family.

"OK," said Grandpa to Grandma once they were in the kitchen. "I have an idea."

Grandma stopped loading the dishes into the dishwasher and looked up at Grandpa. "If Daniel is working with young kids, teaching them to read and write, why couldn't he teach them Esperanto?"

"Well," said Grandma. "I guess he could ... maybe ... but what would be the point? How would that help anything? And I don't think parents are going to want their children to learn Esperanto. And what does that have to do with dogs who can talk?"

"I know," said Grandpa. "I don't have this perfectly figured out yet. It was just a wild thought."

Later that evening, after more conversation and some excellent desserts, Grandma, Grandpa and Baxter bid their goodbyes to the young ones. They were tired and it had been a long and wonderful evening. Now, they all agreed, it was bedtime.

Grandpa, Grandma and Baxter had been soundly asleep for several hours when Grandma woke up with a start. She nudged Grandpa awake. "I have an idea," said Grandma excitedly. "I think I see where you were going with Daniel. If young children were to learn Esperanto, then their generation could speak the international language. When these children get older, they can travel the world and have friends in many different countries

La familia vespermanĝo okazis kun la kutimaj varmo, babilado kaj informiĝo pri lernejaj eventoj. Danielo rakontis al ili iom pri sia nova laboro kiel instruisto de sepjaraj studentoj, kaj ekestis ekscito pro la venonta diplomiĝo de Abby. Eĉ ŝi pensis, ke la kvar jaroj en universitato rapide pasis. Kaj Emily, la plej juna el ilia familio, estis okupata ekzercante sin por sia rolo en la lerneja versio de "La Nuksrompilo". Avinjo antaŭĝojis tiun spektaklon, ĉar ŝi multfoje portis la infanojn al la profesia versio kiam ili estis pli junaj. Entute, ĝi estis bona, varma kaj amuza vizito.

Avinjo kaj Danielo komencis forpreni malpurajn telerojn de la tablo kaj pretigis la tablon por deserto. Li uzis la okazon por rakonti al ŝi iom pli pri la sepjaruloj, kiujn li instruas. Al Avinjo ŝajnis malfacila tasko provi igi infanojn lerni kiel legi, skribi kaj plibonigi siajn komunikajn kapablojn. Sed Danielo multe entuziasmis pri tiu defio kaj ŝajnis ĝui tion, kion li faras. Avĉjo iomete aliĝis al la konversacio, kaj poste prenis la telerojn de Danielo kaj pelis lin reen en la salonon al la cetero de la familio.

"Bone," diris Avĉjo al Avinjo, kiam ili estis en la kuirejo. "Mi havas ideon."

Avinjo ĉesis meti vazojn kaj telerojn en la vazolavilon kaj rigardis supren al Avĉjo. "Se Danielo laboras kun junaj infanoj, instruante ilin legi kaj skribi, kial li ne povus instrui al ili Esperanton?"

"Nu," diris avino. "Mi supozas, ke li povus. . . eble . . . sed kio estus la celo? Kiel tio helpus ion ajn? Kaj mi ne pensas, ke gepatroj volas, ke iliaj gefiloj lernu Esperanton. Kaj kiel tio rilatas al hundoj, kiuj povas paroli?"

"Mi scias," diris Avĉjo. "Mi ankoraŭ ne havas ĉi tion perfekte elpensita. Estis nur freneza ideo."

Pli poste en tiu vespero, post pli da konversacio kaj kelkaj bonegaj desertoj, Avinjo, Avĉjo kaj Baxter adiaŭis la junulojn. Ili estis lacaj kaj estis longa kaj miranda vespero. Nun, ĉiuj konsentis, estis la horo por enlitiĝo.

Avĉjo, Avinjo kaj Baxter estis profunde endormaj dum pluraj horoj, kiam Avinjo vekiĝis subite. Ŝi vekis Avĉjon. "Mi havas ideon," diris Avinjo ekscitite. "Mi kredas, ke mi komprenas kion vi celis pri Danielo. Se junaj infanoj lernus Esperanton, tiam ilia generacio povus paroli la internacian lingvon. Kiam tiuj infanoj iĝus pli aĝaj, ili povus travojaĝi la mondon kaj havi amikojn en multaj diversaj landoj kaj paroli kun ili en unu

speaking one common language. These connections and relationships would move us closer to world peace. And we know that the language is easy to learn, so it makes sense that seven-year-olds can master it. Perhaps Daniel could present it as a game that they play during recess. And then, if he could get all the second-grade teachers to play the same game with the kids, many young people would know the language in a relatively short period of time. And . . . dogs could have a job too. Many children have pet dogs. When a young child practiced Esperanto at home, the dog will recognize the language and get excited, lick the child, wag his tail and act happy. Without realizing it, the dog would be reinforcing the young person's behavior and thereby increase the speed of learning the language. And the dogs would not have to reveal their secret about their ability to speak. They would simply be non-verbal coaches for the kids!"

"I think that could really work," said Grandpa. "But let's try to go back to sleep. We can discuss it in the morning, and we probably should include Baxter in the conversation."

\* \* \*

The next morning, Grandpa, Grandma and Baxter gathered at the breakfast table. Baxter could sense that something was up. He waited respectfully for them to finish their first cup of coffee and then asked what was on their mind.

"Well Baxter, a few days ago you asked for our help and we've been thinking about the problem since then. I think we have the beginning of an interesting solution."

Baxter's ears lifted up a bit, he looked them in the eye and waited expectantly.

Grandpa continued, "Do you remember last night's conversation, Baxter? Daniel was telling us about being a second-grade teacher and helping the kids learn to read and write and express themselves. Grandma and I were thinking that maybe Daniel could be part of the solution. Maybe he could teach his kids this new language. We know that Esperanto is easy to learn, so teaching it to young children should be fairly simple. And, if it works in Daniel's class, maybe he could suggest it to other second grade teachers. Then in a pretty short period of time, there would be over 100 seven-year-olds who knew the language. And, as Grandma pointed out, many of these children have pet dogs.

komuna lingvo. Ĉi tiaj ligoj kaj rilatoj pli proksimigus nin al mondpaco. Kaj ni scias, ke la lingvo estas facile lernebla, do havas sencon, ke sepjaruloj povus regi ĝin. Eble Danielo povus prezenti ĝin kiel ludon, kiun ili povus ludi dum la tagmeza paŭzo. Kaj tiam, se li povus igi ĉiujn instruistojn de sepjaruloj ludi la saman ludon kun la infanoj, multaj junuloj konus la lingvon post relative mallonga periodo. Kaj... ankaŭ hundoj povus havi laboron. Multaj infanoj hejme havas hundojn. Kiam juna infano praktikas Esperanton hejme, la hundo eble rekonas la lingvon kaj ekscitiĝas, eble lekas la infanon, svingas la voston kaj agas kiel feliĉa besto. Sen rimarki tion, la hundo tiel povus plicertigi la konduton de la junulo kaj plirapidigi la lernado de la lingvo. Kaj la hundoj ne plu bezonus malkaŝi sian sekreton pri sia parolkapablo. Ili simple estus neparolemaj trejnistoj por la infanoj!"

"Mi pensas, ke tio vere povus funkcii," diris Avĉjo. "Sed ni provu redormi. Ni povas diskuti tion matene, kaj ni verŝajne devas inkluzivi Baxter en la konversacio."

* * *

La sekvan matenon, Avĉjo, Avinjo kaj Baxter kunvenis ĉe la matenmanĝa tablo. Baxter povis senti, ke io okazos. Li respektoplene atendis, ke ili finu sian unuan tason da kafo kaj poste demandis, pri kio ili pensas.

"Nu, Baxter, antaŭ kelkaj tagoj vi petis nian helpon kaj ni pensis pri la problemo ekde tiam. Mi pensas, ke ni havas la komencon de interesa solvo."

La oreloj de Baxter iom leviĝis, li rigardis ilin en la okulojn kaj entuziasme atendis.

Avĉjo daŭrigis: "Ĉu vi memoras la hieraŭan noktan konversacion, Baxter? Danielo rakontis al ni, ke li estas instruisto de sepjaruloj kaj helpas la infanojn lerni kiel legi kaj skribi kaj esprimi sin. Avinjo kaj mi pensis, ke eble Danielo povas esti parto de la solvo. Eble li povas instrui al siaj infanoj ĉi tiun novan lingvon. Ni scias, ke Esperanto estas facile lernebla, do instrui ĝin al junaj infanoj estus sufiĉe simpla. Kaj, se tio funkcias en la klaso de Danielo, eble li povus sugesti tion al aliaj instruistoj de sepjaruloj. Tiam en sufiĉe mallonga tempo estus pli ol 100 sepjaruloj kiuj scipovas la lingvon. Kaj, kiel

So when the children are practicing their language at home, the dogs will recognize it and reinforce their learning with lots of affection and attention."

"What do you think?"

Baxter smiled, or at least looked happy. "Thank you both for taking this so seriously and working on solving this problem. But I do have a few questions: First and most obviously, we would have to let Daniel in on my secret. Daniel would need to keep this confidential—so that's the first issue. Related to this issue, I don't think we can tell the other second grade teachers about either Esperanto or dogs being able to speak. It's just too risky. I can see trusting Daniel, but I don't think I could ever get approval from the other dogs to trust a bunch of second grade teachers they have never met. And last, it would be awesome to get 100 young people speaking Esperanto, but how do we get the idea to spread further? Can you imagine how wonderful it would be for children to have friends in other countries, all sharing the same language? How do we get this language to other children in this country and how do we get it to children in other countries?"

"Hmm . . ." Grandpa said. "Baxter, these are all good questions and I don't have all the answers, but maybe we should look to Daniel as a first step. And, he might have some ideas about how to spread the language beyond his school."

Baxter thought for a while and then said, "Let me discuss it with the elder dogs tomorrow in the park and get their reaction to this. I will let you know what they say."

The next morning, after their visit to the park, Baxter sat down with Grandma and Grandpa. "The dogs had a meeting in the park and I explained everything you said. I told them about Daniel and that I had total confidence he would keep our secret. They agreed with your plan. It's a go!"

Grandma immediately called Daniel and invited him to lunch. She could sense that Daniel was surprised as he had just been there for a visit. She really did not want to explain everything to him on the phone, so she just repeated the invitation and pushed him a bit. He agreed to visit the next evening, as lunchtime did not work well with his teaching schedule.

When Daniel arrived, he sat down and immediately asked, "What's up? Is everything all right?"

Avinjo atentigis, multaj el tiuj infanoj havas hundojn kiel hejmbestojn. Do kiam la infanoj hejme ekzercas sian kapablon pri la lingvo, la hundoj rekonas ĝin kaj helpos la lernadon per multe da amo kaj atentemo."

"Kion vi opinias?"

Baxter ridetis, aŭ almenaŭ aspektis feliĉa. "Dankon al vi ambaŭ pro tio, ke vi prenis ĉi tion tiel serioze kaj laboris por solvi ĉi tiun problemon. Sed mi havas kelkajn demandojn: Unue kaj plej evidente, ni devus informi Danielon pri mia sekreto. Danielo devus konservi ĉi tiun konfidencon – do tio estas la unua afero. Rilate al ĉi tiu afero, mi pensas, ke ni povas paroli al la aliaj instruistoj de sepjaruloj nek pri Esperanto nek pri hundoj kiuj kapablas paroli. Tio estas tro, tro riska. Mi povas kompreni fidi Danielon, sed mi ne pensas, ke mi iam povus ricevi aprobon de la aliaj hundoj por fidi aron da instruistoj, kiujn ili neniam renkontis. Kaj laste, estus mirinde, se 100 gejunuloj parolus Esperanton, sed kiel ni sukcesus plu disvastigi ĝin? Ĉu vi povas imagi, kiom mirinde estus por infanoj havi amikojn en aliaj landoj, ĉiuj kunhavantaj la saman lingvon? Kiel ni povas atingi aliajn infanojn en ĉi tiu lando, kaj kiel ni atingos infanojn en aliaj landoj?"

"Hmm. . ." diris Avĉjo. "Baxter, ĉiuj ĉi estas bonaj demandoj kaj mi ne havas ĉiujn respondojn, sed eble ni devas rigardi Danielon kiel unuan paŝon. Kaj, li eble havas ian ideon pri kiel disvastigi la lingvon en aliaj lernejoj."

Baxter pensis iom kaj poste diris: "Lasu min diskuti pri tio kun la pli aĝaj hundoj morgaŭ en la parko kaj ricevi ilian reagon al tio. Mi sciigos al vi pri tio, kion ili diros."

La sekvan matenon, post ilia vizito al la parko, Baxter sidiĝis kun Avinjo kaj Avĉjo. "La hundoj havis renkontiĝon en la parko kaj mi klarigis ĉion, kion vi diris. Mi rakontis al ili pri Danielo kaj klarigis ke mi havis plenan fidon, ke li gardos nian sekreton. Ili konsentis kun via plano. Ek al la agado!"

Avinjo tuj vokis Danielon kaj invitis lin al tagmanĝo. Ŝi povis senti, ke Danielo estis surprizita, ĉar li ĵus estis tie por vizito. Ŝi vere ne volis klarigi ĉion al li telefone, do ŝi nur ripetis la inviton kaj iom puŝis lin. Li konsentis viziti la sekvan vesperon, ĉar la tagmanĝo ne bone akordis kun lia instrua horaro.

Kiam Danielo alvenis, li sidiĝis kaj tuj demandis: "Kio okazas? Ĉu ĉio estas en ordo?"

"Oh yes, yes, Daniel, all is well," said Grandma. "We just wanted to discuss something with you." Grandma and Grandpa proceeded to tell Daniel all about Esperanto and how it was a language that was envisioned to set a foundation for world communication and peace. As they spoke, Daniel was respectful, and somewhat interested, but they could see in his eyes that he thought this was a bit odd and certainly did not warrant an extra visit to their house.

"So you want me to teach my kids this old second language? I think I could lose my job." Daniel shook his head. "What am I supposed to tell the parents of these kids? What am I supposed to tell my principal? And after all these years, why resurrect this forgotten language? I love you both, but I'm not willing to put my job on the line."

Baxter slowly walked over to where Daniel was sitting. "Even for world peace?" said Baxter in his raspy voice.

Daniel gasped and sat still, seemingly frozen on the couch.

"I'm the one who got them interested in this problem, Daniel. And we're hoping you can help us." Baxter then told him the story of Dr. Zamenhof, Esperanto and talking dogs. He ended his story by asking Daniel to take a pledge of confidentiality. Daniel was in shock. But he agreed.

It was getting late, and Daniel needed to leave. "Please, Grandma, Grandpa...and Baxter, let me think about this. I will come again over the weekend once I get my thoughts straightened out." He then gave each of them a hug . . . including Baxter . . . and left.

\* \* \*

When Daniel returned home, he was shaken. This was one of the oddest experiences of his life. He didn't know what to do or how to think about it. And it certainly didn't help the matter to not be able to discuss it with anyone.

Later that night, he decided to do his own computer search on Dr. Zamenhof and Esperanto. He came across the same information that Grandpa had given him, which was indeed impressive. But Daniel's technology skills were far greater than Grandpa's and

"Ho jes, jes, Danielo, ĉio estas en ordo," diris Avinjo. "Ni nur volis diskuti ion kun vi." Avinjo kaj Avĉjo rakontis al Danielo ĉion pri Esperanto kaj ke ĝi estas lingvo, kiu estis kreita por starigi fundamenton por mondkomunikado kaj paco. Dum ili parolis, Danielo estis respektema, kaj iom interesita, sed ili povis vidi en liaj okuloj, ke li opiniis, ke tio estas iom stranga kaj certe ne valoris kroman viziton al ilia hejmo.

"Do vi volas, ke mi instruu al miaj infanoj ĉi tiun malnovan duan lingvon? Mi pensas, ke mi povus perdi mian postenon." Danielo kapneis. "Kion mi diru al la gepatroj de ĉi tiuj infanoj? Kion mi diru al mia rektoro? Kaj post tiom da jaroj, kial revivigi ĉi tiun forgesitan lingvon? Mi amas vin ambaŭ, sed mi ne volas riski mian postenon."

Baxter malrapide proksimiĝis al la sidloko de Danielo. "Eĉ ne por monda paco?" diris Baxter per sia raspa voĉo.

Danielo stertoris kaj sidis senmove, ŝajne glaciiĝinte, sur la kanapo.

"Mi estas tiu, kiu interesigis ilin pri ĉi tiu problemo, Danielo. Kaj ni esperas, ke vi povos helpi nin." Baxter tiam rakontis al li la historion de d-ro Zamenhof, Esperanto kaj parolkapablaj hundoj. Li finis sian rakonton petante al Danielo ĵuri konfidencon. Danielo estis en ŝoko. Sed li konsentis.

Iĝis malfrue, kaj Danielo devis foriri. "Bonvolu, Avinjo, Avĉjo... kaj Baxter, lasu min pensi pri ĉi tio. Mi venos denove dum la semajnfino post kiam miaj pensoj fariĝis klaraj." Li tiam donis al ĉiu el ili brakumon... inkluzive de Baxter... kaj foriris.

* * *

Kiam Danielo revenis hejmen, li estis maltrankvila. Ĉi tiu estis unu el la plej strangaj spertoj de lia vivo. Li ne sciis kion fari aŭ kiel pensi pri ĝi. Kaj certe ne helpis la aferon ne povi priparoli ĝin kun iu ajn.

Pli poste en tiu nokto, li decidis fari sian propran komputilan esploron pri d-ro Zamenhof kaj Esperanto. Li trovis la samajn informojn, kiujn Avĉjo donis al li, kio ja estis impona. Sed la teknologiaj kapabloj de Danielo estis multe pli grandaj ol tiuj de Avĉjo

he was able to explore the many links connected with the information. He found out that a Nobel prize nominee in literature, William Auld, wrote his works in Esperanto, and a well known and respected contemporary philanthropist, George Soros, was a speaker of Esperanto. Soros was particularly intriguing as Esperanto was spoken by his parents, so he had learned it as a child. Interestingly, his father had changed their last name from Schwartz to Soros, which has the Esperanto meaning of "to soar." Clearly this international language was central to his family's beliefs. In his research, Daniel came across many streets, parks and monuments named for Dr. Zamenhof in countries as diverse as China, Poland, Israel and Austria. There were Esperanto World Congresses and National Councils and Chambers of Congress in many European countries that had embraced the possibilities of a universal language. Esperanto was so powerful an idea that in Mein Kampf, Hitler worried that Esperanto was an example of a language that could be used by an international Jewish conspiracy to achieve world domination. And indeed, speakers of Esperanto, including Dr. Zamenhof's children, were singled out and killed during the Holocaust. And last, and for Daniel a most significant fact, was that on the 150th anniversary of Dr. Zamenhof's birth, in 2009, the Google logo, on the letter "L", was illustrated with the Esperanto flag. That clinched it for Daniel. Esperanto was meaningful and relevant, and this project was worthy of his help.

"But where do I start?" thought Daniel. "On the one hand, I want to be helpful but I'm worried about my job. On the other hand, what greater opportunity can I ever expect to have to contribute to world peace?"

Courage and the possibility of world peace won out. And Daniel spent the next few evenings reading the Esperanto manual and studying the language. He joined a weekly beginner Esperanto class that was offered online and went to the first meeting. He was surprised to learn that he was the only person from the U.S. in this class. The 14 other students were from different, mostly European countries. These students were smart, friendly, and attentive as their patient teacher taught them the basics of Esperanto. Indeed, the language was straightforward with several grammatical, easy to understand rules, and about 9000 words.

Daniel found himself excited and energized. This project was intriguing. "Maybe the world really could be a better and more peaceful place," he thought. "And maybe I can help make it happen. Grandpa was right. I can just present this to the kids as a word game during recess," Daniel thought to himself. "I can see how they do with it. If they kaj li povis esplori la multajn ligilojn en la tekstoj kun la informoj. Li eksciis, ke homo, kiun oni nomumis kandidato por la Nobelpremio pri literaturo, William Auld, verkis siajn verkojn en Esperanto, kaj ke konata kaj respektata nuntempa filantropo, George Soros, estis parolanto de Esperanto. Soros estis aparte interesa, ĉar Esperanto estis parolata de liaj gepatroj, do li lernis ĝin kiel infano. Interese estas ke, lia patro ŝanĝis ilian familian nomon de Schwartz al Soros, kiu havas la esperantan signifon de "suprenglisi kiel aviadilo". Klare, ĉi tiu internacia lingvo estis centra al la kredoj de lia familio. En siaj esploroj, Danielo trovis multajn stratojn, parkojn kaj monumentojn kun nomoj dediĉitaj al d-ro Zamenhof en landoj tiel diversaj kiel Ĉinio, Pollando, Israelo kaj Aŭstrio. Okazis Esperantaj Universalaj Kongresoj, kaj landaj konsilioj kaj parlamentaj ĉambroj en multaj eŭropaj landoj akceptis la eblecon de universala lingvo. Esperanto estis tiom potenca ideo, ke en Mein Kampf, Hitler maltrankviliĝis, ke Esperanto estis ekzemplo de lingvo, kiu povus esti uzata de internacia juda konspiro por atingi mondregadon. Kaj efektive, parolantoj de Esperanto, inkluzive de la infanoj de d-ro Zamenhof, estis aparte elserĉitaj kaj mortigitaj dum la Holokaŭsto. Kaj lasta, kaj por Danielo plej signifa, fakto estis, ke dum la 150a datreveno de la naskiĝo de d-ro Zamenhof, en 2009, la Guglo-emblemo, sur la litero "L", estis ilustrita per la Esperanta flago. Tio finkonvinkis Danielon. Esperanto estis signifoplena kaj aktuala, kaj tiu ĉi projekto estis inda je lia helpo.

"Sed kie mi komencu?" pensis Danielo. "Unuflanke, mi volas esti helpema, sed mi maltrankviliĝas pri mia posteno. Aliflanke, kian pli grandan ŝancon mi iam ajn povus havi por kontribui al mondpaco?"

Kuraĝo kaj la ebleco de mondpaco venkis. Kaj Danielo pasigis la sekvajn vesperojn legante la Esperantan manlibron kaj studante la lingvon. Li aliĝis al ĉiusemajna komencanta Esperanto-kurso kiu estis alirebla rete, kaj iris al la unua renkontiĝo. Li estis surprizita ekscii, ke li estis la nura persono el Usono en ĉi tiu klaso. La 14 aliaj lernantoj estis el malsamaj, plejparte eŭropaj landoj. Tiuj ĉi studentoj estis inteligentaj, amikemaj kaj atentaj dum ilia pacienca instruisto instruis al ili la bazojn de Esperanto. Efektive, la lingvo estis simpla kun pluraj gramatikaj, facile kompreneblaj reguloj, kaj ĉirkaŭ 9000 vortoj.

Danielo trovis sin ekscitita kaj vigla. Ĉi tiu projekto estis interesa. "Eble la mondo vere povus esti pli bona kaj pli paca loko," li pensis. "Kaj eble mi povas helpi okazigi tiun realon. Avĉjo pravis. Mi povas simple prezenti ĉi tion al la infanoj kiel vortludon dum la tagmeza paŭzo," Danielo pensis al si. "Mi povas vidi kiel ili progresas. Se ili alkutimiĝas

take to it and have a good time, nothing is lost. And worst case scenario, all I've done is set them up to make future language learning easier."

Daniel called Grandma and Grandpa. He asked them to put on their speakerphone so Baxter could hear what he had to say. Daniel told them that he was onboard. He would learn Esperanto, make up some game cards with the new language, and report back as soon as his kids began to play it at recess.

"But I have one request," Daniel said. "I want to call this a language game, and a way to learn an international language. That's the original name Dr. Zamenhof gave to it--International Language-- and I would like to use it, at least for now. If I call it Esperanto, I'm afraid parents and other teachers may object. Esperanto has too many associations and a complex history. Is that OK?" "Yes," said Grandma, Grandpa and Baxter. "That makes sense."

"OK," said Daniel. "I'll let you know how it goes. And Baxter, I do know that the talking dog issue is totally confidential. I won't let you down."

"Thank you, Daniel," said Baxter. They hung up the phone. Baxter looked up at Grandma and Grandpa and said, "He's such a fine young man."

\* \* \*

Daniel made up some word games he thought the children might like. For the first game, he put 25 English words on individual white index cards. Then he put the same 25 words translated to Esperanto on green index cards. He had decided that the color green was fitting as it is the color of the Esperanto flag.

The next day in the schoolyard, he told the kids that he had a new International Language game for them to play. He threw the cards into the air and as they landed on the ground, he paired up the green Esperanto words with their white card matches. The kids easily took to the game and loved throwing the cards into the air and finding the matches as quickly as possible. By themselves, they managed to add little challenges— who could match up the pairs of words most quickly or who could say both words out loud with the correct pronunciation. It amazed Daniel how flexible and imaginative the children were and how they so easily learned the basics of this new language.

al ĝi kaj pasigas bonan tempon, nenio estos perdita. Kaj en plej malbona kazo, ĉio, kion mi faris, estas pretigi ilin por pli facila lingvolernado estontece."

Danielo vokis Avinjon kaj Avĉjon. Li petis ilin ŝalti ilian laŭtparolilon, por ke Baxter povu aŭdi kion li diros. Danielo diris al ili, ke li subtenos ilin kaj partoprenos. Li lernus Esperanton, farus kelkajn ludkartojn pri la nova lingvo, kaj raportus tuj kiam liaj infanoj komencus ludi per ili dum la paŭzo.

"Sed mi havas unu peton," diris Danielo. "Mi volas nomi tion lingvoludo, kaj maniero lerni internacian lingvon. Tio estas la originala nomo kiun D-ro Zamenhof donis al ĝi – Internacia Lingvo – kaj mi ŝatus uzi ĝin, almenaŭ komence. Se mi nomas ĝin Esperanto, mi timas, ke gepatroj kaj aliaj instruistoj povus kontraŭi. Kun la vorto Esperanto homoj asociadas tro multe, kaj ĝi havas kompleksan historion. Ĉu tio estas en ordo?" "Jes," diris Avinjo, Avĉjo kaj Baxter. "Tio havas sencon."

"Bone," diris Danielo. "Mi sciigos vin kiel tio iras. Kaj Baxter, mi ja scias, ke la afero pri parolkapablaj hundoj estas tute konfidenca. Mi ne perfidos vin."

"Dankon, Danielo," diris Baxter. Ili finis la telefonvokon. Baxter rigardis supren al Avinjo kaj Avĉjo kaj diris, "Li estas tiel plaĉa kaj afabla junulo."

* * *

Danielo elpensis kelkajn vortludojn, pri kiuj li kredis, ke la infanoj ŝatos ilin. Por la unua ludo, li skribis 25 anglajn vortojn sur individuajn blankajn kartojn. Poste li skribis la samajn 25 vortojn tradukitajn al Esperanto sur verdajn kartojn. Li estis decidinta, ke la koloro verdo taŭgis ĉar ĝi estas la koloro de la Esperanto-flago.

La sekvan tagon en la lerneja korto, li diris al la infanoj, ke li havas novan ludon pri Internacia Lingvo por ili. Li ĵetis la kartojn en la aeron kaj post kiam ili finfalis sur la grundon, li parigis la verdajn Esperantajn vortojn kun iliaj blankaj tradukoj. La infanoj facile prenis la ludon kaj amis ĵeti la kartojn en la aeron kaj trovi la tradukojn kiel eble plej rapide. Per si mem, ili sukcese aldonis etajn defiojn al la ludo: Kiu povus trovi la parojn de vortoj plej rapide, aŭ kiu povus diri ambaŭ vortojn laŭte kun la ĝusta prononco. Mirigis Danielon, kiom flekseblaj kaj imagivaj la infanoj estis kaj kiel ili tiel facile lernis la bazojn de ĉi tiu nova lingvo.

Pip, one of the youngest children, had the idea of playing tag with the new words using only the Esperanto cards, which each child held up for the others to see. One child would call out a word in English and the other kids had to quickly tag the child who was holding the Esperanto equivalent. And then, of course, the game worked well in reverse. The children with the English words held up their cards and another child called out a word in Esperanto and they all had to tag the child holding the correct equivalent.

Over time, Daniel added more words to their games and taught them the basic, rather straightforward grammar of the new language. For Christmas, he gave each child their own deck of 100 green Esperanto language cards and the corresponding white translated cards to take home as a holiday gift.

Grandma, Grandpa and Baxter were delighted with Daniel's reports of how well the language learning was going. And soon, just as Grandpa had predicted, the other second grade children wanted to join in the language learning activities. As agreed upon, Daniel explained the game to the other second grade teachers, being careful to call it the International Language game rather than Esperanto. Soon, it was an accepted and enjoyable recess activity.

There was, however, one unexpected outcome that Daniel noticed. He had assumed that the children who were fluent in reading would sail through learning Esperanto, and they did. But, to his surprise, many of the children who had a history of difficulty with reading also did well with the new language learning. This outcome was, of course, terrific as many more children than expected were fluent in Esperanto, but it was not a predictable outcome, and so, it was a bit hard to understand. When questioned, the other second grade teachers reported the same findings. Daniel mentioned this to Grandma, Grandpa and Baxter and asked them if they had any ideas about why this was so.

Grandpa and Grandma said "Well, it's terrific that both the children that are fluent in reading and so many of the children who are not fluent in reading are all doing well with learning Esperanto. That sounds great! I'm not sure we see a problem here."

"It's not that it's a problem," Daniel said. "I just don't understand it. Is it that Esperanto is so much easier to learn than English? I'm not really certain that this is the only reason."

Baxter spoke up. "Daniel, you're right. I don't think the answer is simply that Esperanto is an easier language. That may account for part of it, but I think I may have another

Pip, unu el la plej junaj infanoj, havis la ideon ludi tuŝludon helpe de la novaj vortoj, uzante nur la Esperantajn kartojn, kiujn ĉiu infano tenis por ke la aliaj vidu. Unu infano diris vorton en la angla kaj la aliaj infanoj devis rapide tuŝi la infanon tenantan la Esperantan ekvivalenton. Kaj, kompreneble, la ludo funkciis bone inverse. La infanoj kun la anglaj vortoj tenis siajn kartojn kaj alia infano diris vorton en Esperanto kaj ili ĉiuj devis tuŝi la infanon tenantan la ĝustan ekvivalenton.

Kun la tempo, Danielo aldonis pli da vortoj al iliaj ludoj kaj instruis al ili la bazan, sufiĉe simplan gramatikon de la nova lingvo. Por Kristnasko, li donacis al ĉiu infano sian propran kartaron de 100 verdaj Esperantlingvaj kartoj kaj la respondajn blankajn tradukitajn kartojn por preni hejmen kiel feria donaco.

Avinjo, Avĉjo kaj Baxter ĝojis pri la raportoj de Danielo pri kiom bone la lingvolernado iris. Kaj baldaŭ, kiel Avĉjo antaŭdiris, la aliaj infanoj sepjaraĝaj volis aliĝi al la lingvolernado. Kiel interkonsentite, Danielo klarigis la ludon al la aliaj instruistoj de sepjaruloj, zorgante nomi ĝin ludo de Internacia Lingva anstataŭ Esperanto. Baldaŭ, ĝi estis akceptita kaj ĝua aktivaĵo dum la tagmezaj paŭzoj.

Estis tamen unu neatendita rezulto, kiun Danielo rimarkis. Li supozis, ke la infanoj, kiuj flue legas, facile lernus Esperanton, kaj ili ja tiel faris. Sed je lia surprizo, multaj el la infanoj, kiuj havis historion de malfacileco kun legado, ankaŭ facile lernis Esperanton. Ĉi tiu rezulto estis kompreneble bonega, ĉar multe pli da infanoj ol atendite flue lernis Esperanton, sed tio ne estis antaŭvidebla rezulto, kaj do estis iom malfacile kompreni ĝin. La aliaj instruistoj de sepjaruloj raportis la samajn rezultojn. Danielo menciis tion al Avino, Avĉjo kaj Baxter kaj demandis al ili, ĉu ili havas ideojn pri kial tio estis tiel.

Avĉjo kaj Avinjo diris "Nu, estas mirinde, ke kaj la infanoj, kiuj scipovas legadon, kaj tiom da infanoj, kiuj ne scipovas legadon, ĉiuj bone lernas Esperanton. Tio sonas bonege! Mi ne certas, ke ni vidas problemon."

"Tio ja ne estas problemo," diris Danielo. "Mi simple ne komprenas tion. Ĉu Esperanto estas multe pli facile lernebla ol la angla? Mi ne vere certas, ke ĉi tio estas la sola kialo."

Baxter ekparolis. "Danielo, vi pravas. Mi ne pensas, ke la respondo estas simple, ke Esperanto estas pli facila lingvo. Tio eble respondecas pri parto de la rezulto, sed mi pensas,

idea. Find out if the kids who struggle with learning to read English but excel in learning Esperanto have pet dogs at home. If they do, I think the results that you are seeing are due to the dog coaches who are helping them to learn this new language!"

*  *  *

"Dog coaches!" Daniel said to himself. With most of the focus being on Esperanto, Daniel had forgotten about the idea of pet dogs as coaches. Truthfully, in the early conversations with Grandpa, Grandma and Baxter, Daniel was doubtful of the idea of dog coaches. If the dogs had taken a vow of silence, he reasoned, then even if they heard a child practicing Esperanto, the dog couldn't act as a coach. A silent dog can't correct pronunciation or review words or help enhance vocabulary. Coaches aren't silent! Yes, of course he knew that dogs could wag their tails and jump up and down. And yes, those behaviors can be encouraging, but that's not coaching. Daniel was skeptical, but knowing how important this was to Grandpa, Grandma and Baxter, he had never voiced these misgivings.

But . . . he still had to account for the children with limited language abilities learning Esperanto at such a rapid rate. The pieces of the puzzle simply did not add up.

That evening, after reviewing the next day's lesson plans, Daniel logged onto his computer and searched for "dogs helping with learning". To his surprise, a number of articles on this topic immediately appeared. "That's interesting," he mused. "I guess I'm not the first person to wonder about this issue."

The topic of dogs aiding learning was fascinating, though there was a fair amount of neuroscience involved in the explanation. Daniel took out a legal pad of paper and jotted down the buzz words: serotonin, dopamine, oxytocin, cortical. (5 ) He then put the words, the definitions and the research together to get the concepts clear in his head. Basically, it seemed that a number of chemicals were secreted in human-dog interactions that helped to manage anxiety and reduce stress (serotonin, dopamine). When anxiety and stress were decreased, cortical levels dropped. And the incredible human–dog bond could be measured by levels of oxytocin, also called the "love hormone."

He continued his search and found that several universities had established "Pet Your Stress Away" programs to reduce student anxiety. (6) And there were a number of

ke mi havas alian ideon. Eltrovu ĉu la infanoj, kiuj luktas kun lernado de la angla lingvo sed elstaras en lernado de Esperanto, havas hejmbestajn hundojn. Se ili havas, mi pensas, ke la rezultoj, kiujn vi vidas, ŝuldiĝas al la hundotrejnistoj, kiuj helpas ilin lerni ĉi tiun novan lingvon!"

∗ ∗ ∗

"Trejnistaj hundoj!" Danielo diris al si. Ĉar la plej granda parto de la fokuso estis sur Esperanto, Danielo forgesis pri la ideo de hundoj kiel hejmbestaj trejnistoj. Verdire, en la fruaj konversacioj kun Avĉjo, Avinjo kaj Baxter, Danielo dubis pri la ideo de trejnistaj hundoj. La hundoj ja konsentis en sia promeso de silento, li rezonis, do eĉ se ili aŭdus infanon paroli Esperanton, ili ne povus roli kiel trejnistoj. Silenta hundo ne povas korekti elparolon aŭ revizii vortojn aŭ helpi plibonigi vortprovizon. Trejnistoj ne silentas! Jes, kompreneble li sciis, ke hundoj povas svingi la voston kaj salti. Kaj jes, tiuj kondutoj povas esti kuraĝigaj, sed tio ne estas trejnado. Danielo estis skeptika, sed sciante kiom grava tio estis por Avĉjo, Avinjo kaj Baxter, li neniam esprimis ĉi tiujn dubojn.

Sed... li ankoraŭ devis klarigi, kiel la infanoj kun limigitaj lingvaj kapabloj lernis Esperanton tiom rapide. La pecoj de la enigmo simple ne kongruis.

Tiun vesperon, post revizio de la lecionplanoj por la sekva tago, Danielo ensalutis sian komputilon kaj serĉis "hundoj helpantaj kun lernado". Je lia surprizo tuj aperis kelkaj artikoloj pri tiu ĉi temo. "Tio estas interesa," li meditis. "Mi supozas, ke mi ne estas la unua persono, kiu scivolis pri ĉi tiu afero."

La temo de hundoj helpantaj lernadon estis fascina, kvankam estis sufiĉe da neŭroscienco implikita en la klarigo. Danielo elprenis notlibron kaj notis la modvortojn: serotonino, dopamino, oksitocino. (5) Li tiam kunligis la vortojn, la difinojn kaj la esploron por klarigi la konceptojn en sia kapo. Esence, ŝajnis, ke kelkaj kemiaĵoj estis sekreciitaj en homa-hundaj interagoj, kiuj helpis regi angoron kaj redukti streson (serotonino, dopamino). Kiam angoro kaj streso malpliiĝis, kortizolaj niveloj malpliiĝis. Kaj la nekredebla ligo homo-hundo povas esti mezurita per niveloj de oksitocino, ankaŭ nomata "amhormono."

Li daŭrigis sian esploradon kaj trovis, ke pluraj universitatoj establis programojn "Pet Your Stress Away" ("Forkaresu vian streson") por redukti studentan angoron. (6) Kaj estis kelkaj esploraj studoj, kiuj montris, ke hejmbestoj havis pozitivan efikon al lernado,

research studies that showed that pets had a positive impact on learning, not only by buffering stress, but also by increasing attention and enthusiasm. Thinking of his own young students learning Esperanto, he found several studies that showed children who read out loud to their pets had improved self-confidence. (7) Even the American Educational Research Association (AERA) had weighed in, concluding that the presence of a dog enhances concentration, attention, motivation and relaxation, reducing the high stress levels that inhibit learning. (8)

"Well, I guess I was wrong," thought Daniel. "There is something to the dog coach idea even if the dog remains silent. What's probably happening is the child who is struggling with reading and language in school, goes home and plays with the Esperanto cards. Those children who have pet dogs get a great deal of attention as the dog recognizes the language the child is trying to learn. The child, bonded and relaxed with his dog, practices the language without the usual stress levels encountered in school. In this relaxed, calm and low stress state, the child quickly learns the new language. So, in fact, the dog is indeed a successful coach. And that is why so many of the children both with excellent and poor language skills are able to learn Esperanto so quickly and successfully."

This project was becoming increasingly interesting. Daniel went to close his computer but noticed that he had an unread email. He opened the email and felt a surge of panic. The principal wanted to see Daniel in his office at the close of the next school day.

* * *

Daniel's stomach churned. Why was the principal emailing him so late at night? In truth, Daniel was worried. If all this Esperanto stuff was ever found out, he's not sure he would be able to keep his job. He rehearsed different ways of explaining it to the principal. Maybe he could say that the game is a helpful base for future foreign language learning. Or perhaps he could explain that the game was a way to reach kids who are struggling with reading fluency. Both explanations sounded good, and how can you get fired for trying to help kids learn more easily? But what if the Esperanto issue comes out? What do I say then? He worried. Needless to say, he had a rather sleepless night.

ne nur per stresoredukto, sed ankaŭ per pliigo de atento kaj entuziasmo. Pensante pri siaj propraj junaj studentoj lernantaj Esperanton, li trovis plurajn studojn, kiuj montris ke infanoj, kiu laŭtlegis al siaj hejmbestoj, atingis pli altan memfidon. (7) Eĉ la Amerika Eduka Esplora Asocio (AERA) konkludis, ke la ĉeesto de hundo plibonigas koncentriĝon, atenton, instigon kaj malstreĉiĝon, reduktante la altajn streso-nivelojn, kiuj malhelpas lernadon. (8)

"Nu, mi supozas, ke mi eraris," pensis Danielo. "Estas io efika pri la ideo de hunda trejnisto eĉ se la hundo restas silenta. Jen kio verŝajne okazas: La infano, kiu luktas kun legado kaj lingvo en la lernejo, iras hejmen kaj ludas per la Esperantaj kartoj. Tiuj infanoj, kiuj havas hundon kiel hejmbeston, ricevas grandan atenton, ĉar la hundo rekonas la lingvon kiun la infano provas lerni. La infano, ligita kaj malstreĉita kun sia hundo, praktikas la lingvon sen la kutimaj stresniveloj spertataj en la lernejo. En ĉi tiu malstreĉita, trankvila stato de malalta streso, la infano rapide lernas la novan lingvon. Do, fakte, la hundo estas ja sukcesa trejnisto. Kaj tial multaj el la infanoj – kaj tiuj kun bonegaj kaj tiuj kun malbonaj lingvokapabloj – kapablas lerni Esperanton tiel rapide kaj sukcese."

Ĉi tiu projekto fariĝis ĉiam pli interesa. Danielo fermis sian komputilon sed rimarkis, ke li havis nelegitan retpoŝton. Li malfermis la retpoŝton kaj sentis ekflamon de paniko. La rektoro volis vidi Danielon en sia oficejo ĉe la fino de la sekva lerneja tago.

* * *

La stomako de Danielo kirlis. Kial la rektoro sendis al li retpoŝtan mesaĝon tiel malfrue en la nokto? Verdire, Danielo estis maltrankvila. Se oni iam eksciis pri tiu ĉi esperanta afero, li ne certis, ĉu li povus daŭre havi sian postenon. Li provludis malsamajn manierojn klarigi ĉion al la rektoro. Eble li povus diri, ke la ludo estas helpema bazo por estonteca lernado de fremdaj lingvoj. Aŭ eble li povus klarigi, ke la ludo estis maniero atingi infanojn, kiuj luktas por atingi fluan legokapablon. Ambaŭ klarigoj sonis bone, kaj kiel oni povus esti maldungita pro provi helpi infanojn lerni pli facile? Sed kio, se la Esperanto-afero malkovriĝas? Kion mi diru en tiu okazo? Li maltrankviliĝis. Kompreneble li malbone dormis.

The next day was actually no better than the night before, as Daniel watched the clock in the classroom slowly move towards each hour. The wait to 3 P.M. was excruciating and Daniel could barely focus on the lessons he needed to teach. At recess, when the kids excitedly took out their Esperanto cards, Daniel envisioned each Esperanto word as bringing him one step closer to his dismissal.

"Vi estas maldungita." "You are fired," he thought in both Esperanto and English.

At 3 P.M. Daniel dismissed his students and slowly walked to the principal's office.

"Hello Mr. Nowak," Daniel said. "You wanted to see me?"

"Yes Daniel. Thanks for coming. Why don't you close the door and take a seat?" said the principal.

Daniel closed the door and sat down in a chair across from the principal's desk. They were face to face. Daniel hoped he wouldn't vomit from his anxiety.

Mr. Nowak began: "I've noticed that the children in your class are having a great time with a new language game. Indeed, all the second-grade children seem to be enthralled by it. The teachers told me it was a great success, and it was your idea. Is that true?"

"Yes" said Daniel meekly. "It was my idea."

Mr. Nowak continued, "The words on the index cards are interesting Daniel. How did you discover this language?"

Daniel began to sweat. He hoped Mr. Nowak didn't notice. "Actually, my grandparents helped me with these words. We were talking about how much I liked teaching second grade and they thought this language could be interesting for kids as it is so simple to learn."

"And does this language have a name, Daniel?" Mr. Nowak inquired.

There were a few seconds of silence. Daniel then said "I think they call it an International Language. I guess that's because it's really simple and it helps as a basis for foreign languages in the later grades."

La sekva tago efektive ne estis pli bona ol la antaŭa nokto, ĉar Danielo vidis la horloĝon en la klasĉambro malrapide moviĝi al ĉiu sekva horo. La atendo ĝis la 3-a postagmeze estis turmenta kaj Danielo apenaŭ povis koncentriĝi pri la lecionoj kiujn li devis instrui. Je la tagmeza paŭzo, kiam la infanoj ekscitite elprenis siajn Esperantajn kartojn, Danielo imagis ĉiun Esperantan vorton kiel proksimigante lin unu paŝon pli proksime al lia maldungo.

"Vi estas maldungita." "You are fired," li pensis kaj per Esperanto kaj per la angla.

Je la 3-a posttagmeze Danielo sendis siajn studentojn hejmen kaj malrapide iris al la oficejo de la rektoro.

"Saluton, sinjoro Nowak," diris Danielo. "Ĉu vi volis vidi min?"

"Jes, Danielo. Dankon pro via ĉeesto. Bonvolu fermi la pordon kaj sidiĝi." diris la rektoro.

Danielo fermis la pordon kaj sidiĝis sur seĝon antaŭ la skribotablo de la rektoro. Ili estis vizaĝ-al-vizaĝe. Danielo esperis, ke li ne vomus pro sia angoro.

Sinjoro Nowak ekparolis: "Mi rimarkis, ke la infanoj en via klaso bonege amuziĝas kun nova lingvoludo. Efektive, ĉiuj studentoj sepjaraj ŝajnas allogitaj de ĝi. La instruistoj diris al mi, ke ĝi estis granda sukceso, kaj ke la afero estis via ideo. Ĉu tio estas vera?"

"Jes" diris Danielo humile. "Estis mia ideo."

Sinjoro Nowak daŭrigis, "La vortoj sur la kartoj estas interesaj, Danielo. Kiel vi malkovris ĉi tiun lingvon?"

Danielo komencis ŝviti. Li esperis, ke sinjoro Nowak ne rimarkus. "Efektive, miaj geavoj helpis min pri ĉi tiuj vortoj. Ni parolis pri kiom multe mi ŝatas instrui la klason de sepjaĝaj studentoj, kaj ili pensis, ke ĉi tiu lingvo povus esti interesa por infanoj, ĉar ĝi estas tiel simpla por lerni."

"Kaj ĉu ĉi tiu lingvo havas nomon, Danielo?" S-ro Nowak demandis.

Estis kelkaj sekundoj de silento. Danielo tiam diris "Mi pensas, ke oni nomas ĝin Internacia Lingvo. Mi supozas, ke tio estas, ĉar ĝi estas vere simpla kaj ĝi helpas pri lernado de fremdaj lingvoj en la postaj kursoj."

"Hmm . . .," said Mr. Nowak. Then there was more silence.

"The other second grade teachers told me that almost all of the children are having an easy time learning the language. Have you noticed this too?"

"Yes," said Daniel. "Even some of the less fluent children seem to get it."

"Interesting," said Mr. Nowak. More silence. Daniel was beginning to squirm in his seat. Every part of his body let him know that all of this was not OK.

Mr. Nowak took a deep breath and said, "Daniel, I'm going to tell you something. I think you will understand in a few minutes why I called you into my office."

"You are obviously close to your grandmother and grandfather," Mr. Nowak began.

"I did not know my grandparents, but I felt close to them anyway. My grandparents lived in Bialystok, a city in Poland. It was my parents who were able to come to the United States and it was here that I was born. My family closeness comes because we value our history and roots. Stories are handed down from one generation to the next. One of the stories that was handed down to me was the story of my grandparents, who were very close with another Bialystok family named Zamenhof."

Daniel let out a loud uncontrolled gasp. Mr. Nowak smiled and said, "Just as I suspected."

"Anyway," Mr. Nowak continued, "My grandparents and the Zamenhofs were friends. They were all idealists and believers in world peace. To this end, Dr. Zamenhof invented an International Language to make it easier for people of all nations to communicate with each other and work out their differences, and hopefully avoid war. My grandparents and other people in Poland and in many other countries learned Dr. Zamenhof's International Language. My grandparents taught it to my parents before they came to this country, and my parents taught it to me. So you see Daniel, I recognize your language. It is the International Language I was taught many years ago. That language, Daniel, as you probably know, has another name. It is called Esperanto."

* * *

"Hmm. . .," diris sinjoro Nowak. Tiam estis pli da silento.

"La aliaj instruistoj de sepjaraĝaj studentoj diris al mi, ke preskaŭ ĉiuj infanoj facile lernas la lingvon. Ĉu vi ankaŭ rimarkis ĉi tion?"

"Jes," diris Danielo. "Eĉ kelkaj el la malpli fluaj infanoj ŝajnas kompreni ĝin."

"Interese," diris sinjoro Nowak. Pli da silento. Danielo komencis tordiĝi sur sia sidloko. Ĉiu parto de lia korpo lasis lin scii, ke ĉio ĉi ne estis en ordo.

Sinjoro Nowak profunde enspiris kaj diris: "Danielo, mi diros ion al vi. Mi pensas, ke vi komprenos post kelkaj minutoj, kial mi vokis vin en mian oficejon."

"Vi evidente estas proksima al via avino kaj avo," komencis diri sinjoro Nowak.

"Mi ne konis miajn geavojn, sed mi tamen sentis min proksime de ili ĉiuokaze. Miaj geavoj loĝis en Bjalistoko, urbo en Pollando. Estis miaj gepatroj kiuj povis veni al Usono, kaj estis ĉi tie ke mi naskiĝis. La proksimecon inter miaj familianoj kaŭzas la fakto, ke ni valoras niajn historion kaj radikojn. Rakontoj estas transdonitaj de unu generacio al la sekva. Unu el la rakontoj, kiujn oni transdonis al mi, estis la historio de miaj geavoj, kiuj estis tre proksimaj al alia bjalistoka familio, nomata Zamenhof."

Danielo eligis laŭtan nekontrolitan anhelon. Sinjoro Nowak ridetis kaj diris, "Ĝuste tiel, kiel mi suspektis."

"Ĉiuokaze," daŭrigis sinjoro Nowak, "miaj geavoj kaj la Zamenhofoj estis amikoj. Ili ĉiuj estis idealistoj kaj kredantoj en mondpaco. Tiucele d-ro Zamenhof inventis Internacian Lingvon por faciligi al homoj de ĉiuj nacioj komuniki inter si kaj ellabori siajn diferencojn, kaj espereble eviti militon. Miaj geavoj kaj aliaj homoj en Pollando kaj en multaj aliaj landoj lernis la Internacian Lingvon de d-ro Zamenhof. Miaj geavoj instruis ĝin al miaj gepatroj antaŭ ol ili venis al ĉi tiu lando, kaj miaj gepatroj instruis ĝin al mi. Do vi vidas, Danielo, mi rekonas vian lingvon. Ĝi estas la Internacia Lingvo, kiun oni instruis al mi antaŭ multaj jaroj. Tiu lingvo, Danielo, kiel vi verŝajne scias, havas alian nomon. Ĝi nomiĝas Esperanto."

* * *

A few minutes later, after giving Daniel a chance to pull himself together, Mr. Nowak asked, "So, Daniel, what do you want to do with Esperanto?"

Daniel answered, "Truthfully it seemed that as a second-grade teacher, I could make a contribution to world peace by teaching Esperanto to the children. I know it's just a small step, but it's a beginning. And if young people all over the world could easily speak to each other in a common language, think how wonderful that would be! Honestly, I was surprised at how easily the language was learned by kids with both strong and weak language skills."

"I think you've taken that step Daniel" said Mr. Nowak, "but I think I can help you take an even bigger step. Next month, in Paris, France, there is an International Conference of Primary School Educators. I am attending the conference and I bet we can submit your International Language project as an example of how to promote language abilities in young children, be they gifted or not. I think the other teachers and principals will be interested in it, though, for now, I would continue to call it the International Language. I would not mention Esperanto." Mr. Nowak continued, "But a key part of this project, and one that we haven't discussed yet Daniel, is the rest of the story that was handed down from my grandparents to my parents and then to me. The second part of the story Daniel, has to do with dogs and some special abilities. Do you know anything about that?"

Daniel again gasped, but was now frozen in his chair. "I can't . . . I can't talk about this," said Daniel. "This is a secret. I really can't talk about it."

"I know," said Mr. Nowak. "Daniel, I know all about the secret. It was passed down to me too. But you don't have to say more. Just listen to the rest of my idea. I'm going to the International Conference next month but now I'm thinking about bringing you as a presenter, and my wife and her mother as my guests. My mother-in-law will enjoy the travel, and she will need to bring her assistance dog with her, so that will work for us.

Additionally, I can invite several other guests to the conference. I know a second-grade teacher whose husband has an assistance dog and I have a colleague who teaches in a different school with an assistance dog. So, I can arrange for a number of guests and three dogs to be on this international trip with us. You don't have to disclose the secret Daniel, but does this sound like a helpful idea?"

Kelkajn minutojn poste, doninte al Danielo ŝancon denove trankviliĝi, sinjoro Nowak demandis: "Do, Danielo, kion vi volas fari per Esperanto?"

Danielo respondis: "Vere ŝajnis, ke kiel instruisto de la sepajraĝaj studentoj, mi povus kontribui al monda paco instruante Esperanton al la infanoj. Mi scias, ke tio estas nur eta paŝo, sed estas komenco. Kaj se junuloj en la tuta mondo povus facile paroli unu kun la alia en komuna lingvo, pensu, kiel mirinde tio estus! Sincere, mi estis surprizita pri kiom facile la lingvo estas lernita de infanoj kun kaj fortaj kaj malfortaj lingvokapabloj."

"Mi pensas, ke vi faris tiun paŝon, Danielo" diris sinjoro Nowak, "sed mi pensas, ke mi povas helpi vin fari eĉ pli grandan paŝon. Venontmonate, en Parizo, Francio, okazos Internacia Konferenco de Bazlernejaj Edukistoj. Mi ĉeestos la konferencon kaj mi vetas, ke ni povas prezenti vian Internacian Lingvan projekton kiel ekzemplon de kiel antaŭenigi lingvajn kapablojn ĉe junaj infanoj, ĉu ili estas talentaj aŭ ne. Mi pensas, ke la aliaj instruistoj kaj direktoroj interesiĝos pri ĝi, tamen, nuntempe, mi daŭre nomus ĝin la Internacia Lingvo. Mi ne menciu Esperanton." Sinjoro Nowak daŭrigis, "Sed ŝlosila parto de ĉi tiu projekto – unu pri kiu ni ankoraŭ ne diskutis, Danielo – estas la cetero de la rakonto, kiu estis transdonita de miaj geavoj al miaj gepatroj kaj poste al mi. La dua parto de la rakonto, Danielo, temas pri hundoj kaj iuj specialaj kapabloj. Ĉu vi scias ion pri tio?"

Danielo denove anhelis, sed nun frostiĝis sur sia seĝo. "Mi ne povas. . . Mi ne povas paroli pri ĉi tio," diris Danielo. "Tio estas sekreto. Mi vere ne povas paroli pri ĝi."

"Mi scias," diris sinjoro Nowak. "Danielo, mi scias ĉion pri la sekreto. Ĝi ankaŭ estis transdonita al mi. Sed vi ne devas diri pli. Nur aŭskultu la ceteron de mia ideo. Mi iros al la Internacia Konferenco venontmonate, sed nun mi pensas venigi vin kiel prezentanton, kaj mian edzinon kaj ŝian patrinon kiel miajn gastojn. Mia bopatrino ĝuos la vojaĝon, kaj ŝi devos kunporti sian helphundon, do tio funkcios por ni.

Aldone, mi povas inviti plurajn aliajn gastojn al la konferenco. Mi konas instruiston de sepjaraĝaj studentoj, kies edzo havas helphundon kaj mi havas kolegon, kiu instruas en alia lernejo kun helphundo. Do, mi povas aranĝi, ke kelkaj gastoj kaj tri hundoj estu kun ni en ĉi tiu internacia vojaĝo. Vi ne devas malkaŝi la sekreton, Danielo, sed ĉu ĉi tio sonas kiel helpema ideo?"

"Absolutely," Daniel shouted. "Yes!"

Daniel stood up ready to leave Mr. Nowak's office. He turned to him and said, "Mr. Nowak, I love this idea." And then Daniel said, "But . . . one more question Mr. Nowak.

Is it possible for the three assistance dogs to meet my grandparents' dog before we leave for the conference? My grandparents have a dog named Baxter. He's a Giant Schnauzer and I think it would be helpful for the other dogs to meet him. We could all gather at the park this weekend."

"You have a Giant Schnauzer?" asked Mr. Nowak. "Ha! a ringleader. Of course, we can do this."

Daniel hurried back to his empty classroom and called Grandpa and Grandma. "Please put the speakerphone on so Baxter can hear," he said breathlessly.

He told the three of them about the conversation with Principal Nowak, the invitation to attend the International Conference of Primary School Educators, and the inclusion of three dogs to travel with them to the conference. This was a big step, a very big step toward world friendships and world peace, more than Daniel ever thought he would be involved in. He explained that they would be able to show the results of the International Language game to the educators, who could then take it back to their schools in different countries. The attending dogs could communicate with the other assistance dogs at the conference, as well as with dogs that they encountered during routine walks. Truly, this was a significant beginning.

Everyone was happy and excited at Daniel's progress. As they prepared to hang up the phone, Baxter asked for the final word:

"Ni havas esperon." "We have hope."

"Kompreneble," kriis Danielo. "Jes!"

Danielo ekstaris preta forlasi la oficejon de sinjoro Nowak. Li turnis sin al li kaj diris: "S-ro. Nowak, mi amas ĉi tiun ideon." Kaj tiam Danielo aldonis: "Sed... ankoraŭ unu demando, sinjoro Nowak.

Ĉu eblas, ke la tri helphundoj renkontu la hundon de miaj geavoj antaŭ ol ni foriros al la konferenco? Miaj geavoj havas hundon nomatan Baxter. Li estas giganta ŝnaŭcero, kaj mi pensas, ke povus helpi la aliajn hundojn renkonti lin. Ni ĉiuj povus kunveni en la parko ĉi-semajnfine."

"Ĉu vi do havas gigantan ŝnaŭceron?" demandis sinjoro Nowak. "Ha! ili estas givantoj. Kompreneble, ni povas fari tion."

Danielo rekuris al sia malplena klasĉambro kaj telefonvokis Avĉjon kaj Avinjon. "Bonvolu ŝalti la laŭtparolilon, por ke Baxter aŭdu," li diris senspire.

Li rakontis al ili tri pri la konversacio kun rektoro Nowak, la invito ĉeesti la Internacian Konferencon de Bazlernejaj Edukistoj, kaj la inkludo de tri hundoj por vojaĝi kun ili al la konferenco. Ĉi tio estis granda paŝo, tre granda paŝo al mondaj amikecoj kaj mondpaco, pli granda ol Danielo iam ajn pensis, ke li povus fari. Li klarigis, ke ili povos montri la rezultojn de la Internacia Lingva ludo al la edukistoj, kiuj povus poste rekunporti ĝin al siaj lernejoj en diversaj landoj. La ĉeestantaj hundoj povus komuniki kun la aliaj helphundoj ĉe la konferenco, same kiel kun hundoj kiujn ili renkontis dum rutinaj promenoj. Vere, ĉi tio estis grava komenco.

Ĉiuj estis feliĉaj kaj ekscititaj pro la progreso de Danielo. Dum ili prepariĝis rependigi la aŭskultilon de la telefono, Baxter petis havi la finan vorton:

"Ni havas esperon."

# Postscript

Dr. Zamenhof and the history of Esperanto, the psychology of learning and the stress reduction of pets, are facts.

The history of talking dogs is fiction—though some dog owners might disagree.

# Postskribo

D-ro Zamenhof kaj la historio de Esperanto, la psikologio de lernado kaj la efiko de hejmbestoj sur reduktado de streso, estas faktoj.

La historio de parolkabaplaj hundoj estas fikcio – kvankam kelkaj hundoposedantoj eble malkonsentus.

## References:

1. Dr. Esperanto (L.L. Zamenhof), "An Attempt Towards an International Language," translated by Henry Phillips, Jr. (New York: Henry Holt, 1889), p. 5.
2. loc. cit.
3. ibid, p. 19.
4. ibid, p. 20.
5. Phelps, K., "How Your Pet Changes Your Brain Chemistry for The Better." The Sydney Morning Herald, Sept. 21, 2021. Internet article, smh.com.au
6. Sexton, C., "Interacting With Animals Can Significantly Reduce Stress." Nov. 6, 2019. Internet article, earth.com
7. Hall, S. et al., Children reading To Dogs: A Systematic Review Of The Literature." Internet article, PLoS One, Feb. 22, 2016.
8. "Why It Works: Reading With Rover." A 501©(3) organization. Internet article, www.readingwithrover.org

## Further Reading:

Dr. Esperanto (L.L. Zamenhof), "An Attempt Towards an International Language," translated by Henry Phillips, Jr. (New York: Henry Holt, 1889)

Esther Schor, "Bridge of Words: Esperanto and the Dream of a Universal Language" (New York: Henry Holt, 2016).

## Online Esperanto resources:

Classes: https://londonaesperantoklubo.com/
Duolingo: www.duolingo.com
Esperanto League for North America: www.esperanto-usa.org
Lernu: www.lernu.net Free language classes, tips for teaching Esperanto, short stories at all levels, a list of esperantists and more.

## Referencoj:

1. Dr. Esperanto (L. L. Zamenhof), "An Attempt Towards an International Language," translated by Henry Phillips, Jr. (New York: Henry Holt, 1889), p. 5.

2. loc. cit.

3. ibid, p. 19.

4. ibid, p. 20.

5. Phelps, K., "How Your Pet Changes Your Brain Chemistry for The Better." The Sydney Morning Herald, Sept. 21, 2021. Internet article, smh.com.au

6. Sexton, C., "Interacting With Animals Can Significantly Reduce Stress." Nov. 6, 2019. Internet article, earth.com

7. Hall, S. et al., Children reading To Dogs: A Systematic Review Of The Literature." Internet article, PLoS One, Feb. 22, 2016.

8. "Why It Works: Reading With Rover." A 501©(3) organization. Internet article, www.readingwithrover.org

## Plua legado:

Dr. Esperanto (L. L. Zamenhof), "An Attempt Towards an International Language," translated by Henry Phillips, Jr. (New York: Henry Holt, 1889)

Esther Schor, "Bridge of Words: Esperanto and the Dream of a Universal Language" (New York: Henry Holt, 2016).

## Retaj rimedoj pri Esperanto:

Kursoj: https://londonaesperantoklubo.com/

Duolingo: www.duolingo.com

Esperanto-Ligo por Nord-Ameriko (Esperanto-USA): www.esperanto-usa.org

Lernu: www.lernu.net Senpagaj kursoj, informo pri instruado de Esperanto, mallongaj rakontoj je ĉiuj niveloj, listo de Esperanto-parolantoj kaj pli.